Pl. 46.

Mosquée de Scutari.

# LETTRES
## SUR LA MORÉE,
### L'HELLESPONT
### ET CONSTANTINOPLE;

PAR A. L. CASTELLAN,

DE L'ACADÉMIE ROYALE DES BEAUX-ARTS.

SECONDE ÉDITION,

Ornée de soixante-trois Planches dessinées et gravées par l'Auteur.

**TOME TROISIÈME.**

A PARIS,

CHEZ A. NEPVEU, LIBRAIRE,

PASSAGE DES PANORAMAS, N° 26.

MDCCCXX.

# LETTRES SUR LA MORÉE,

## L'HELLESPONT

## ET CONSTANTINOPLE.

## LETTRE XXXIX.

Coup d'œil sur les arts et l'industrie dans le Levant.

§. I*er*. *Architecture des Turcs et des Grecs modernes.*

Si l'on faisoit de bonne foi la récapitulation exacte de nos connoissances, et qu'on en reconnût l'origine, on seroit surpris du petit nombre de créations nouvelles que nous pouvons opposer à celles qui nous ont été transmises par les anciens.

Nous avons peut-être perfectionné ; mais les idées originales, type de tous les arts, et même des sciences, ont été trouvées il y a quelques milliers d'années.

Il est même remarquable que, malgré nos progrès dans la civilisation, et par conséquent dans le perfectionnement des arts, qui en sont le résultat, nous n'avons pu faire revivre des procédés antiques tombés dans l'oubli, et dont nous mettons souvent en doute la réalité, pour ne pas avouer notre insuffisance.

En partant d'un principe positif d'analogie, ne doit-on pas reconnoître les anciens pour nos maîtres en tout, puisqu'ils le sont en morale, en poésie, en éloquence, ainsi que dans l'architecture, la sculpture, je dirai peut-être même dans la peinture ; et si nous avons été plus loin qu'eux dans quelques arts et sciences, ce n'a été qu'en mettant en œuvre les principes qu'ils ont posés ; et certes, pour avoir atteint la cime de l'arbre dont nous cueillons les fruits, en devons-nous moins d'obligation à ceux qui nous en ont facilité l'accès en inventant l'échelle ?

C'est donc en se nourrissant des fruits du génie de l'antiquité, en creusant dans cette mine inépuisable, dont les issues ont été long-temps obstruées, mais non entièrement perdues, que l'on peut encore tirer de nouvelles richesses ; et c'est surtout dans la recherche des arts antiques, dont on retrouve les vestiges sur le sol qui les vit naître, que nous pourrons peut-être les faire revivre.

Les ouvrages des anciens ont fourni aux savans les lumières que nous avons sur ces temps reculés; mais si ces derniers ont aussi consulté quelquefois les monumens, qui sont les véritables pages de l'histoire, la plupart ont dédaigné d'observer les descendans des peuples antiques. Cependant, par la même raison qu'on retrouve dans leur langage une grande analogie avec la langue de Démosthène, de même plusieurs arts et procédés industriels antiques doivent s'être perpétués chez eux. Il est vrai que, par la succession des temps et la force des circonstances, les mœurs et usages ont éprouvé des changemens; mais les monumens et les chefs-d'œuvre de l'antiquité nous ont-ils été transmis intacts? sont-ils maintenant tels qu'ils sortirent de la plume ou du ciseau de leurs auteurs? Peut-être même la plupart de ces ouvrages, que cependant nous admirons, ne sont que des copies ou de foibles imitations de sublimes originaux. *Les poëmes d'Homère, long-temps récités de mémoire, ont sans doute autant perdu, dans cette transmission infidèle et flétrie en quelque sorte, que ces statues mutilées dont toutes les formes ont été usées par le froissement du temps. L'artiste y reconnoît, il est vrai, un ensemble imposant; mais ce n'est qu'à force de génie qu'il peut les restaurer et les rétablir dans leurs proportions primitives. De même l'observateur pourra, dans une coutume moderne, démêler ce qu'il y a d'antique, et c'est cette étude intéressante que nous nous bornons à indiquer, ne pouvant nous flatter de l'approfondir. L'ingénieux auteur des Lettres sur la Grèce (1) a retrouvé une foule de rapports entre les habitans de cet ancien pays et leurs descendans; il a appliqué ses idées aux objets qui lui étoient les plus familiers, et le but de ses savantes études a été dirigé vers la poésie, la danse, la musique et quelques usages de la vie.

C'est à un artiste qu'il appartient d'étudier les mêmes rapports, particulièrement dans les arts du dessin, et, par suite, dans les arts mécaniques. Je n'ai fait qu'effleurer cette matière, et n'ai recueilli qu'un petit nombre de faits; mais le peu que j'ai observé pourra mettre sur la voie l'artiste en état de traiter à fond cet important sujet.

C'est surtout dans les monumens les plus durables, que l'on doit rechercher, avec quelque certitude, les caractères de l'antiquité. L'architecture va donc nous fournir, de préférence, les exemples et les preuves qui ont déterminé

---

(1) M. Guys, *Voyage littéraire de la Grèce*, ou *Lettres sur les Grecs anciens et modernes*, avec un parallèle de leurs mœurs.

notre opinion sur les vicissitudes et l'origine des styles et des goûts divers qui se font remarquer dans la succession des siècles écoulés depuis les temps antiques jusqu'à nos jours.

Le voyageur, transporté rapidement des rivages de la France à ceux du Bosphore, est frappé de la différence qui existe entre l'aspect du pays qu'il vient de quitter et celui où il arrive ; ce contraste s'étend à tous les objets, la tournure, l'habillement, le langage des habitans, les productions naturelles, la configuration du terrain, et jusqu'au climat, et en quelque sorte l'atmosphère, tout est différent et étrange ; mais c'est surtout l'architecture qui offre un trait caractéristique et un style qu'on peut nommer oriental, et qui donne au paysage un caractère tout particulier.

Chaque peuple a son genre d'architecture particulier ; cet art varie selon les contrées, le génie et les coutumes de leurs habitans.

L'architecture égyptienne, dans son ensemble et dans ses détails, a aussi peu de rapports avec celle des Grecs que cette dernière ressemble peu à celle des Indoustans. Prenons pour exemple le chapiteau, qui est un des types caractéristiques des diverses architectures : en Grèce il sera orné de feuilles d'acanthe ou d'olivier ; en Egypte, il le sera de palmes ou de feuilles de lotus, ornemens tirés de la végétation propre à ces pays, tandis que, dans l'Inde, les animaux sacrés qu'on y adore, serviront de support aux entablemens.

Les ordres d'architecture formoient donc, en quelque sorte, le type du goût des pays où ils ont été inventés, et ils en ont long-temps conservé le nom. Ce n'est même qu'assez tard et par le mélange des différentes peuplades, et surtout lorsqu'elles furent réunies sous une même domination, qu'ayant enfin confondu ces ordres, on les a fait servir tous à l'embellissement des mêmes édifices; et les Romains, maîtres du monde, voulant faire contribuer le goût particulier de chaque nation à la magnificence de la métropole, l'on doit attribuer la première détérioration de l'architecture à cette orgueilleuse prétention.

En Grèce, dans le siècle de Périclès, on ne se seroit pas permis d'introduire, dans la décoration d'un temple d'ordre dorique, des ornemens affectés à l'ordre corinthien, et encore moins l'emploi de deux et trois ordres dans le même édifice; tant les Grecs étoient attachés à suivre, sans jamais s'en écarter, le principe d'unité dérivé de l'imitation de la nature, qu'ils appliquoient à tous les arts, même à l'architecture.

Chez les Romains, au contraire, on cherchoit

à s'éloigner de ces principes d'ordre et d'unité, et on ne reconnoissoit d'autre règle que la grandeur, d'autre goût que la magnificence.

Auguste eut la vanité de refaire en marbre tous les monumens qui étoient d'abord en pierre et en brique, et ses successeurs, ne trouvant pas de matière plus précieuse, voulurent l'emporter sur Auguste par la multiplicité des ornemens, la somptuosité et l'immensité de ces mêmes édifices.

Ils imaginèrent de superposer les ordres ; les membres d'architecture furent multipliés sans raison ; on confondit les genres, et, non contens de mélanger les élémens employés par les Grecs, on alla chercher en Egypte, et jusque dans l'Inde, de nouveaux motifs de décoration qui abâtardirent de plus en plus l'architecture.

La confusion fut enfin portée à son comble lors de la translation de l'Empire romain à Byzance ; la position de cette nouvelle métropole aux confins de l'Europe, et ses relations continuelles avec l'Asie procurèrent, il est vrai, à ses habitans de nouvelles richesses. Mais, loin de faire prospérer les arts, elles les firent se perdre en vaines recherches, aussi éloignées de la simplicité que du bon goût.

Les Grecs, dégénérés, ne pouvant faire leur architecture belle, la firent riche, et elle s'éloigna autant de la sage et sévère simplicité qui caractérisoit les productions des arts de leurs ancêtres, que leur caractère moral ressembloit peu au leur.

C'est donc, croyons-nous, moins à l'irruption des Barbares en Europe, qu'on doit attribuer la décadence de tous les arts, qu'à la dégradation des mœurs, à l'amour désordonné de l'argent, et, par suite, du luxe, des plaisirs, des honneurs; enfin, à l'absence des vertus, qui seules font naître et fortifient les grandes idées et les vrais talens.

On doit même, en partie, laver les Turcs du tort irréparable que les arts ont souffert; car nous ne partageons pas l'opinion commune, qui veut que cette nation soit, par principe et par goût, la plus barbare, la plus intolérante de toutes.

Je vais peut-être avancer un paradoxe; mais je ne crois pas que les musulmans soient ni plus barbares ni plus intolérans qu'une foule d'autres nations. S'ils ont été destructeurs, ce n'a été que rarement pour le plaisir de détruire; enlèvent-ils les colonnes d'un temple à moitié ruiné, et par conséquent inutile à leurs yeux, c'est pour en construire un autre avec ces matériaux, et ils n'ont fait en cela qu'imiter les Romains, les Goths, et tous les peuples modernes. Mais trouvoient-ils les monumens entiers, tels que le temple de Jérusalem, le Parthenon d'Athènes, et l'église de Sainte-Sophie à Constantinople, ils se contentoient de les purifier et de les convertir aux usages de leur culte, sans presque rien détruire des ornemens et des attributs anciens (1).

Quelles sont d'ailleurs, excepté Rome, les cités d'Europe enrichies autrefois des monumens de la magnificence romaine, et où il en existe un plus grand nombre, encore sur pied, que dans la plupart des villes du Levant? En effet, l'Egypte, la Syrie, l'Asie Mineure, la Turquie d'Europe, sont remplies de monumens d'architecture, et même de sculpture. Est-il un plus bel exemple du respect des Turcs pour les merveilles antiques, que cette place de l'Hippodrome de Constantinople, où trois monumens, si aisés à détruire, que des obélisques et une colonne de bronze sont néanmoins encore debout sur leurs antiques fondations, et n'ont à regretter que les outrages du temps, tandis qu'à Rome les monumens du même genre qui tous avoient été renversés, n'ont été rétablis

---

(1) On trouve même en Grèce une multitude d'anciennes églises converties en mosquées, où l'on reconnoît dans les ornemens peints et sculptés la croix et les autres emblèmes de notre religion, que les Turcs ont laissé subsister.

que fort tard, et, pour ainsi dire, de nos jours, par les Papes.

Bien plus, c'est chez les Turcs qu'il faut chercher la tradition encore existante des mœurs, des usages, de l'industrie, et même des arts antiques; car, s'ils ne se sont pas livrés eux-mêmes à la culture de ces diverses branches de connoissances humaines, au moins n'en ont-ils pas, comme on le pense, contrarié la propagation; c'est sous leurs yeux, et encouragés par eux, que les Grecs, les Arméniens, et les autres nations laborieuses de ces contrées, se livrent paisiblement à l'exercice des arts.

Si l'on remonte à l'origine des musulmans, on verra que les premiers califes, descendans de Mahomet, tenoient encore de la simplicité de leurs ancêtres, les Arabes nomades du Désert; mais lorsque, par la force des armes, ils se furent emparés de toute l'Asie Mineure, le pays le plus riche, le plus éclairé d'alors, et où les arts étoient parvenus à un haut degré de perfection et d'élégance, les musulmans durent emprunter aux descendans des Romains leurs usages utiles, et, par suite, leur goût pour l'ostentation et les riches superfluités. Bientôt, en effet, les califes devinrent les émules des Empereurs d'Orient, et l'on vit briller à leur cour la même magnificence et la même politesse; leurs nouveaux sujets, qui devinrent en cela leurs maîtres, leur inspirèrent la passion des spectacles pompeux, des monumens magnifiques, et de toutes les jouissances recherchées du luxe et de la mollesse.

Enfin, lorsque les Turcs s'emparèrent de Constantinople, déjà habitués aux délices de la molle Ionie, ils ne firent en quelque sorte que continuer l'Empire grec sous un autre nom. Mœurs, coutumes, tout fut conservé et adopté par eux; et, s'ils avoient pu changer leur religion, fondus désormais avec les Grecs d'Orient, comme les Goths l'avoient été avec les Romains, ils n'auroient plus fait qu'un même peuple, et nous verrions peut-être subsister encore l'ombre de l'Empire grec, de même qu'on retrouve à Rome le fantôme du sénat siégeant dans le moderne Capitole.

Tout nous porte donc à croire que ce qu'on nomme goût et style oriental, ne doit pas être attribué aux Arabes, aux Turcs et aux autres nations musulmanes qui l'auroient apporté avec eux dans les pays dont ils s'emparèrent. Le même style régnoit déjà à la cour des Empereurs grecs, et étoit répandu depuis long-temps dans toutes les contrées qui leur appartenoient.

Les Turcs ne possèdent même en propre aucun art, aucune industrie particulière, puisqu'ils en livrent l'entier exercice aux nations qui leur sont soumises; et la population de Constantinople compte beaucoup moins de Turcs qu'on ne pense. Ils semblent campés sur une terre ennemie, suivant la belle expression de M. de Bonald; ils n'osent pas la nommer leur patrie, et craignent, sur la foi de leurs oracles, d'être obligés tôt ou tard de la quitter: aussi, ai-je dit ailleurs, se font-ils souvent inhumer sur le rivage d'Asie, qu'ils considèrent comme leur refuge et leur véritable terre natale.

Les trois quarts de la population de Constantinople se composent de Grecs, d'Arméniens, de Juifs et de Francs. C'est parmi ces nations qu'on trouve les ouvriers de toute espèce, et surtout les artistes; et, s'il est un goût particulier dans les ornemens d'architecture et des autres arts, il ne peut être que celui de leurs auteurs. Or, les Turcs ne se glorifient pas eux-mêmes de ce mérite, et ils le laissent à leurs esclaves ou à ceux qu'ils paient, ce qui revient au même à leurs yeux; car ils ont sur les arts les mêmes idées que les Romains, qui en livroient la culture à leurs esclaves ou à leurs affranchis.

Une preuve que les Turcs n'ont pas un goût propre, c'est que l'on retrouve, dans les ornemens du dernier siècle, tous les enroulemens, les cartouches et les tortillages, entremêlés de guirlandes de fleurs et de draperies qui étoient à la mode en Europe à la même époque ; et depuis qu'on a renoncé à ce genre de décoration, on voit reparoître, même à l'extérieur des bâtimens et des palais, construits de nos jours sur le Bosphore, les décorations composées des ordres grec et romain. Ils sont modifiés, il est vrai, par les convenances locales et les habitudes du pays ; mais on y retrouve de même l'empreinte des modes européennes : enfin, le véritable style qu'on peut nommer oriental, a fait place à une confusion de goûts particuliers aux différentes nations modernes, parmi lesquelles les Turcs ont été chercher leurs architectes et leurs décorateurs.

Aussi n'emploient-ils pas seulement les Grecs les Arméniens et les autres peuples de l'Orient, mais encore des Italiens, des Allemands et des Français qui ont suivi leurs propres idées dans la décoration des édifices dont ils ont été chargés. Ceux que le baron de Tott a construits ne ressemblent en rien à ceux que M. Melling a fait ériger sur le Bosphore, pour les sultanes et le Grand-Seigneur, et ces édifices, bien que turcs de nom, ont perdu en effet une partie de leur ancien caractère, sans prendre tout-à-fait celui des pays dont ils sont dérivés.

Pour découvrir le véritable style de l'architecture orientale, il faut donc rétrograder au moins d'un siècle, de même qu'on ne trouvera souvent une eau pure et transparente qu'en remontant vers sa source.

Choisissons, parmi les monumens les plus anciens de Constantinople, et voyons quel est leur point de ressemblance avec ceux qui datent, d'une manière indubitable, de l'époque antérieure à la prise de Constantinople.

C'est surtout dans les édifices qui remplacent les Thermes des Romains, que les Turcs ont conservé tout entière la tradition antique. Il n'est pas d'usage, en effet, mieux approprié à leurs mœurs et à leur religion, qui prescrit de fréquentes ablutions et une netteté corporelle qu'ils regardent en quelque sorte comme le garant de celle de l'âme. Ayant donc trouvé, dans les pays dont ils s'emparèrent, des bâtimens immenses consacrés à l'usage des bains, ils en firent leurs délices; et pendant qu'ils laissoient tomber en ruines les monumens des arts, qu'ils considéroient comme inutiles, ils chauffoient les bains d'Alexandrie avec les rouleaux de papyrus, qui contenoient le plus riche dépôt des connoissances humaines qui ait peut-être jamais existé. S'ils ont ensuite construit eux-mêmes des bains, il est probable qu'ils ont suivi dans la bâtisse les mêmes erremens qu'ils observent encore dans les autres pratiques relatives à ces établissemens.

Nous avons une autre raison plus importante pour commencer par cette espèce d'édifices : leur construction, qui ne remonte pas très-haut chez les anciens, est une époque fort remarquable en architecture ; elle a fait, croyons-nous, une sorte de révolution dans cet art, dont elle a changé tout le système.

# LETTRE XL.

§. II. *Bains turcs.*

Dès l'origine des sociétés on dut compter, parmi les douceurs de la vie civilisée, l'usage des bains chauds dont l'homme sauvage même peut avoir apprécié l'agrément et le besoin. La nature semble nous avoir mis sur la voie de toutes les découvertes utiles et de toutes les jouissances dont nous avons usé d'abord modérément; que nous avons ensuite perfectionnées, et dont nous avons enfin souvent abusé : la nature, dis-je, semble avoir disséminé, dans presque toutes les contrées, des eaux thermales, et les avoir prodiguées à dessein pour en montrer l'usage, et les indiquer comme remède préservatif et curatif d'une infinité de maladies.

Mais, à mesure que les hommes se sont amollis, ils ont découvert dans l'industrie les moyens de s'éviter la plus légère fatigue ; et, au lieu d'aller chercher au loin les eaux chaudes naturelles, ils ont trouvé plus simple de les transporter dans leurs demeures ; pour cela ils ont construit des bains où, par le moyen du feu, on imite les opérations de la nature ; l'on s'y procure non seulement la chaleur sèche ou humide nécessaire aux besoins curatifs, mais,encore on a imprégné l'atmosphère des gaz et des vapeurs minérales appropriées aux divers maux qui affligent l'espèce humaine.

Les premiers Grecs dont nous parle l'histoire, et nous pouvons considérer Homère moins comme un poëte romancier que comme un véritable historien ; Homère donc nous parle en plusieurs endroits des bains chauds, particulièrement dans l'Odyssée, en décrivant la vie délicieuse qu'on menoit dans le palais d'Alcinoüs, et en racontant la reception que fit à Ulysse la magicienne Circé. La manière de se baigner, dans ces temps reculés, consistoit à faire chauffer l'eau dans un grand vase à trois pieds, puis à la verser, à plusieurs reprises, sur la tête et sur les épaules de la personne qui étoit assise dans une baignoire, et qu'on oignoit d'huile parfumée en sortant du bain.

On juge bien que les Grecs perfectionnèrent ensuite les bains à l'exemple des Orientaux qui paroissent les avoir connus avant eux (1)

Les Lacédémoniens, en terminant les jeux

---

(1) Burette, *Mémoires de l'Académie des Inscriptions.*

des palestres, entroient dans les bains publics, qui étoient ordinairement joints à ces gymnases.

Du temps d'Hippocrate, il étoit cependant rare de trouver des bains chez les particuliers; et ce médecin avoue que cette considération empêchoit souvent d'employer ce remède à la guérison des maladies auxquelles il eût été convenable.

Les Romains n'usèrent que fort tard des bains publics ou particuliers, soit qu'ils craignissent d'introduire par là le luxe et la mollesse, soit qu'il fût difficile de conduire l'eau dans les divers quartiers d'une ville toute bâtie sur des collines. Le premier aqueduc, celui que le célèbre censeur Appius Claudius fit construire, ne remonte qu'à l'an 441 de la fondation de Rome. Ils se multiplièrent à l'infini par la suite, et donnèrent naissance à ces thermes, d'abord fort simples, à en juger par la description que fait Senèque des bains de Scipion l'Africain; puis magnifiques, car leur développement couvroit d'immenses espaces qu'Ammien Marcellin compare à des provinces, et qui pouvoient contenir toute la population de la capitale du Monde.

On peut consulter Vitruve, Palladio, etc., pour la construction et la distribution de ces thermes qui renfermoient dans leur enceinte un nombre prodigieux d'appartemens, de longues galeries, de portiques où les athlètes avoient coutume de s'exercer : des étangs d'eau vive, des terrasses, des jardins et des bois. Nous ne parlerons donc pas de ces bains d'Agrippa, bâtis en briques peintes en émail ; de ceux où Néron fit conduire non seulement des eaux douces, mais encore l'eau de la mer ; de ceux de Caracalla, garnis de seize cents siéges de marbre ; enfin des thermes de Dioclétien, qui surpassoient tous les autres en grandeur et en somptuosité.

Nous avons dit que la construction de ces édifices avoit été l'origine et la conséquence d'une innovation qui changea le système de bâtisse, et fit une sorte de révolution en architecture, je veux parler de l'invention des coupoles hémisphériques qui n'étoient pas connues des anciens Grecs auxquels on dispute même l'usage des voûtes, dont on attribue l'invention aux Romains. Quoi qu'il en soit, ces derniers paroissent avoir consacré d'abord les coupoles à couvrir les salles de bains, et on ne fait guère remonter à une époque antérieure la construction des temples ronds voûtés, tels que celui du Panthéon, qui étoit, dit-on, la principale salle des thermes d'Agrippa, de même qu'une foule d'autres édifices du même genre, qu'on voit particulièrement sur le rivage de la Grande-Grèce, et qu'on a pris mal à propos pour des temples.

Les bains étant les plus vastes de tous les monumens de l'antiquité, et cela devoit être ainsi, puisque les individus de toutes les classes, et jusqu'au bas peuple, y étoient admis, on dut chercher dans les ressources de l'architecture les moyens de clore et de couvrir ces salles immenses au moyen de coupoles en maçonnerie.

Jusqu'alors et chez les Grecs, la plupart des temples, ainsi que les théâtres et les palestres, n'étoient pas couverts, et les autres édifices l'étoient en pièces de charpente, dont on retrouve même l'imitation dans les membres de l'architecture. Mais, dès que l'usage des bains chauds devint général, il fallut trouver le moyen de voûter des salles dont la grandeur démesurée se refusoit à toute la puissance de la charpente. En effet, quand bien même on eût pu se servir de bois taillés comme on l'a fait depuis pour les premiers dômes, et plus nouvellement encore dans les voûtes construites suivant le système inventé par Philibert Delorme ; ces couvertures n'auroient pas fermé hermétiquement des endroits destinés à recevoir la vapeur chaude et à élever la température au degré nécessaire pour l'usage des bains : il fallut donc songer à former des voûtes en maçonnerie ; et c'est alors sans doute qu'on imagina les constructions différentes de voûtes à arête, en berceau, enfin les coupoles surbaissées, ouvrages beaucoup plus hardis que nos dômes les plus célèbres, qui n'en sont que les timides copies.

Si les coupoles des thermes devoient être fermées pour que la chaleur pût se concentrer dans l'intérieur, et s'élever à une grande intensité, il ne falloit pas moins conserver des jours pour éclairer ces immenses salles.

On dut y employer d'abord le moyen dont on se servoit pour éclairer les édifices, c'est-à-dire des tables d'une pierre transparente, nommée par cette raison *spéculaire*, et que nous ne pouvons mieux comparer qu'au talc, si toutefois cette matière pouvoit être débitée en assez grands morceaux qu'il le falloit pour clore de vastes ouvertures, à moins que par pierre spéculaire on entendît l'albâtre oriental qui sert encore à fermer les fenêtres de quelques églises de la Grèce, et même dont on voit un bel exemple en Italie dans l'ancienne basilique de San Miniato al Monte, auprès de Florence.

Quoi qu'il en soit, du temps de Pline (1),

___

(1) Pline, liv. XXXVI, chap. xxv. On connoît d'ailleurs la perfection avec laquelle les anciens travailloient le verre, et on peut consulter, à cet égard, Winkelmann, le comte de Caylus, et Millin : *Dictionnaire des Beaux-Arts*.

on fit usage du verre pour éclairer les thermes et les autres édifices, non en carreaux ou en glaces plates, comme on l'a fait bien plus tard, mais en lentilles coulées dont l'épaisseur et la solidité sont bien plus grandes.

On peut juger de l'emploi que les anciens faisoient du verre pour éclairer leurs édifices dans la manière dont les Turcs l'emploient encore : il n'y a pas de doute qu'en cela ils n'aient conservé l'usage antique. Les coupoles de leurs bains sont percées d'œils de bœuf, ou trous ronds remplis par des cloches de verre dans le genre de celles que nous employons dans nos jardins, pour hâter la maturité de certains fruits potagers. On peut voir aussi à Sainte-Sophie et dans quelques autres des plus anciennes mosquées, qu'on peut supposer des églises grecques conservées par les Turcs, d'immenses vitraux composés de disques ou de lentilles de verre très-épais, posés verticalement, et entretenus l'un au-dessus de l'autre, par un mastic ou ciment qui forme le cadre de chaque disque.

Dans les édifices particuliers on trouve des fenêtres découpées à compartimens irréguliers et formant des méandres et des dessins arabesques, et chaque vide est rempli par un morceau de verre taillé, suivant la forme convenue, souvent même ces verres sont coloriés. C'est encore visiblement une imitation des anciens ; car on connoît leur industrieuse adresse pour exécuter en verre pénétré de couleurs, les objets les plus délicats et d'une difficulté d'exécution, telle que les modernes n'ont pu encore en approcher (1).

Revenons aux thermes des anciens, dont les bains turcs de Constantinople, d'Egypte et d'Asie mineure donnent assez l'idée, et où l'on retrouve les mêmes avantages, et la tradition des anciennes coutumes.

Les thermes étoient ordinairement divisés en six pièces principales. L'*apodyterium* ou *spoliatorium* étoit la première salle où l'on se déshabilloit ; la seconde pièce étoit le *frigidarium*, bain froid. elle tenoit lieu de *spoliatorium* dans les bains ordinaires. Quelques uns prétendent que le *frigidarium* et le *tepedarium*, troisième et quatrième salles, servoient au même usage. Dans les bains turcs beaucoup moins compliqués, on entre par le *tepedarium* où l'on se dépouille, et qui, de même que chez les anciens, sert à sauver la transition trop subite de l'air froid extérieur avec la chaleur excessive de la salle où l'on se baigne ; car la température de cette salle devoit, suivant Pline, être à un degré intermédiaire entre l'air extérieur et la

---

(1) Voir la note précédente.

chaleur de la cinquième pièce, ou l'étuve, *camerata sudatio*, qu'il ne faut pas confondre avec la sixième salle dite le *laconicum*, de son usage inventé dans la Laconie, dont l'atmosphère étoit remplie, non d'une vapeur humide, mais d'une chaleur sèche qui n'étoit pas favorable aux personnes d'un tempérament délicat.

Chez les Turcs on ne connoît point cette différence, et la chambre où l'on sue, ou l'étuve, est sans cesse arrosée par l'eau qu'on tire des robinets placés au pourtour de l'édifice, et qui fournissent alternativement de l'eau chaude ou froide, que l'on vous verse sur la tête et sur tout le corps. La chaleur d'un pavé de marbre toujours humide produit une évaporation continuelle, qui remplit l'atmosphère, pénètre le corps, ouvre les pores, excite à la sueur, attendrit l'épiderme, et permet de faire usage des frottoirs qui ont remplacé les étrilles de métal.

Les moindres des bains turcs ont trois salles: la première dont l'atmosphère est seulement tiède, et où l'on ôte ses habits; la deuxième, d'une chaleur plus forte; et la troisième, si échauffée qu'on ne peut y rester l'espace de quelques minutes, sans être couvert d'une abondante transpiration.

Comme ces bains sont une des institutions les

plus recommandées aux Turcs par leur religion, et qu'ils en font une espèce d'article de foi, il semble étrange qu'ils consentent à partager cette pratique avec les autres nations qu'ils qualifient d'infidèles ; mais comme, indépendamment de la loi de Mahomet, il en est une autre antérieure et bien plus sacrée, celle de la nature, de la nécessité et de l'utilité publique, consultée et respectée en Turquie beaucoup plus qu'on ne pense, les avantages que leur offrent les bains publics, sont communs aux chrétiens, aux juifs et aux autres peuples, dont ils réputent l'approche dans les rues comme une injure, la rencontre comme de mauvais augure, et le contact comme une souillure ; mais sans doute, convaincus que l'eau a la qualité de dépouiller les corps de toute souillure, et même des miasmes pestilentiels, ils ne se font pas scrupule de se laver dans la même eau qui a servi aux plus impurs des hommes à leurs yeux, c'est-à-dire aux chrétiens, et même aux juifs (1).

Au reste, cette pratique si salutaire pour la santé, est convertie en abus chez les Turcs, et

---

(1) Un voyageur anglais, William Franklin, assure que les Persans ne poussent pas si loin la tolérance, qu'ils interdisent l'entrée des bains aux infidèles, et qu'un étranger courroit du risque à s'y présenter ; mais il ajoute qu'en Turquie il n'en est pas ainsi. (*Voyage du Bengale à Chyras, en 1787 et 1788*, traduit de l'anglais par M. Langlès.)

surtout chez les femmes qu'elle vieillit avant le temps, comme nous l'avons déjà dit ailleurs. On doit attribuer cet abus à la modicité de la rétribution qu'on exige pour chaque baigneur; elle ne revient qu'à quelques sous, et les enfans conduits par leurs mères ne paient rien. Il en étoit ainsi chez les anciens, quoi qu'en ait dit Martial (1); et il n'en coûtoit chez eux que peu de chose : le bain gratuit étoit même au nombre des largesses que les empereurs faisoient au peuple.

Les hommes se baignent le matin, et les femmes le soir; et si pour lors vous rencontrez dans les rues des femmes toujours enveloppées du féretgé, et qu'elles soient suivies d'esclaves, portant sur leur tête ou à leurs bras des paquets et d'autres objets renfermés dans des corbeilles, ou sur des plateaux recouverts d'un linge, ce sont des baigneuses qui vont ou qui reviennent des bains ; ces mêmes esclaves restent, comme du temps d'Ovide, qui parle des bons tours qu'on faisoit aux baigneurs (2) dans la première pièce pour garder les habits de leurs maîtresses ; d'autres les aident dans leur toilette, pour teindre et tresser leurs cheveux, pour les coiffer et les

---

(1) *Balnea post decimam Lasso centumque petuntur Quadrantes.*

(2) *Conduct furtivos balnea multa jocos.*

revêtir successivement des plus riches parures, car les femmes n'ont pas d'autres moyens de coquetterie pour faire valoir la richesse et le bon goût de leurs ajustemens, que de les faire admirer dans la salle des bains; elles y font aussi apporter des fruits cuits, des confitures, des sorbets et autres friandises dont elles font part à leurs connoissances : les Orientaux ayant conservé l'usage des anciens de se baigner avant le souper, et, en sortant de l'étuve, de s'étendre ou de s'asseoir comme eux sur des lits, des esclaves apportent des mets, et les posent sur des trépieds qu'on approche de l'estrade ; ils se tiennent debout les bras croisés, à une certaine distance des maîtres et prêts à exécuter les ordres qu'ils en reçoivent d'un geste ou d'un coup d'œil; en un mot, les scènes, représentées dans quelques bas-reliefs antiques, ont un rapport frappant avec celles qui se passent journellement dans les bains, dans les appartemens des Turcs, dans les cafés, et jusque dans les promenades de Constantinople.

Les riches particuliers, indépendamment de la commodité personnelle qu'ils retirent d'avoir une salle de bains chez eux, ôtent par là à leurs femmes un prétexte dont elles se servent pour sortir fréquemment du logis; et, lorsqu'on a fait les premières dépenses de construction, il en résulte une économie de temps, et même d'argent, car les frais pour le chauffage sont peu de chose, l'étuve étant disposée de manière que le même feu, nécessaire pour la cuisine, sert encore à échauffer l'eau pour le bain, ainsi que les poêles qui doivent élever et entretenir dans l'étuve la chaleur de l'atmosphère au degré convenable.

Je regrette de n'avoir pu me procurer le plan et les détails de l'une de ces salles de bain (1) Ils auroient pu être d'une application fréquente chez nous où l'on connoît à peine les premiers élémens de l'art de se baigner. Dans nos maisons les plus riches, dans les palais même, on se procure, il est vrai, la faculté de réchauffer ou de rafraîchir l'eau de la baignoire au moyen de deux robinets alimentés par des réservoirs particuliers, situés à l'extérieur de la salle de bain ; mais on s'est borné jusqu'à présent à cet

---

(1) Les bains publics et particuliers des Turcs étant les mêmes que ceux des Grecs et des Romains, on peut prendre en même temps une idée des uns et des autres dans plusieurs ouvrages, tels que : Piranesi, *Bains d'Antonin Caracalla*; *Peintures antiques des Thermes de Tite*; Saint-Nom, *Description de la maison de campagne de Pompeï*; Burette, *Dissertation sur la gymnastique des anciens*; dans les Mémoires de l'Académie des Inscriptions, etc. Dans le *Tableau de l'Empire Ottoman*, on trouve la vue intérieure d'un bain public. J'ai donné aussi une idée de la manière de chauffer les bains turcs, dans l'ouvrage intitulé : *Mœurs, usages et costumes des Ottomans*. On y trouvera d'autres détails que je néglige ici, pour ne pas me répéter.

avantage qui n'est même connu que des gens riches, tandis qu'on pourroit, sans augmenter les frais, disposer les fourneaux et les réservoirs d'eau bouillante, de manière à recueillir la vapeur de cette eau, et à se servir du fourneau même, l'*hypocaustum* des anciens, pour échauffer la pièce où l'on se baigne, et s'y procurer à volonté une chaleur sèche ou humide, considérée comme moyen curatif de plusieurs maladies, qui n'ont d'autres causes que le défaut de transpiration, ou sa répercussion, telles que rhumatismes, gouttes, obstructions, etc., dont les Turcs sont rarement atteints, grâces aux soins qu'ils ont d'entretenir continuellement ou de rétablir la transpiration insensible.

Nous ne connoissons pas davantage le bénéfice des frictions que les anciens mettoient en usage dans les bains, et que les Turcs emploient encore. Les uns se servoient d'une sorte d'étrille (1) en métal (*strigilis*), les autres de sachets ou frottoirs d'une étoffe rude qui rend le même service.

Cette opération donne une souplesse extraordinaire aux membres; le repos que l'on prend après sur de bons lits, et un léger repas, com-

---

(1) Cette opération se nomme en persan *timar kerden*, qui veut dire *étriller*. Chardin, tom. III, pag. 283.

posé de mets substantiels et de liqueurs fortifiantes, donnent au corps plus de force et au sang une nouvelle activité.

On voit que les usages des Turcs ont beaucoup d'analogie avec ceux que les anciens pratiquoient dans les thermes. Quant à la magnificence et à l'immense développement de ces édifices, les Orientaux n'approchent pas du luxe des Romains à cet égard.

On cite néanmoins ceux de Brousse, dont l'eau naturellement chaude est reçue dans des bassins de marbre, entourés de siéges de la même matière; ils sont même distribués en plusieurs chambres tout aussi riches. couvertes de dômes, et dont l'air et l'eau sont différens de température.

Si même nous en croyons un voyageur (1) qui décrit le bain d'été du Grand-Seigneur, cet édifice seroit d'une prodigieuse somptuosité; mais, comme il est renfermé dans l'intérieur du Sérail, il sera assez difficile de vérifier le fait :
« Ce bain est construit, dit-il, sur le bord d'un
» petit étang; l'étage inférieur est voûté et en-
» richi d'incrustations de marbres de plusieurs
» couleurs ; au-dessus il y a une salle dont le
» haut est soutenu sur huit colonnes de marbre;

---

(1) *Voyage du Levant*, fait en 1621, par le sieur Cesy.

» le reste est à jour, n'étant fermé que par des
» vitres de cristal très-fin. A l'entour de la salle
» il y a un grand corridor de cinq pieds en
» saillie, garni de balustres de marbre, des-
» quels on voit sortir trente-deux jets d'eau
» claire, qui, tombant dans cet étang, rendent
» un agréable murmure.

» Le plancher de cette salle est enrichi de
» nacre de perle et de pierres fines à comparti-
» mens ; le haut est revêtu de larmes d'argent
» doré, tellement rempli de turquoises, de ru-
» bis et d'autres pierres précieuses, qu'il ne se
» peut rien voir de plus éclatant. C'est en ce
» lieu où le Grand-Seigneur se divertit sou-
» vent en été avec ses femmes, et d'où il prend
» plaisir à les voir se baigner dans l'étang. De
» cette salle on entre dans une chambre encore
» plus richement parée, où l'on voit une si
» grande quantité de perles et de diamans, qu'il
» semble qu'on y ait amassé les dépouilles de
» toutes les provinces que les Ottomans ont
» subjuguées. »

Je n'ai point vu d'autre salle de bain particulier, que celle d'un des plus riches Grecs du
*Fanal;* elle doit être à peu près semblable, à la
magnificence près, à celles qu'on trouve dans les
palais du sultan et des Grands-Seigneurs turcs ;
c'est une pièce carrée revêtue en stuc bleu et

blanc, et couverte d'un dôme percé tout autour de lunettes garnies de cloches de verre. Au milieu de chacun des côtés de la pièce, il existe une niche avec des tablettes de marbre en saillie, dont deux sont creusées pour recevoir l'eau qui tombe des robinets, et les autres plates pour déposer les vêtemens, les pommades, les eaux de senteur, et les autres objets nécessaires à la toilette de la personne qui se baigne. Le pavé de la pièce est creusé en bassin revêtu de marbre blanc; au centre s'élève un jet d'eau froide, destiné à tempérer la chaleur de l'eau contenue dans ce bassin. Le divan occupe un des côtés de la salle.

Dans ce lieu où tout inspire la mollesse et la volupté, il ne faudroit qu'un léger effort d'imagination pour se retracer quelques unes de ces scènes voluptueuses dont on dit ici que les bains particuliers sont le théâtre ; car, pour les thermes publics, la décence y est si bien observée que les femmes n'y mènent que des enfans en bas-âge. Il ne tiendroit donc qu'à nous de supposer et de peindre l'une de ces beautés de Circassie, digne de servir de modèle dans l'atelier de nos modernes Praxitèles; nous la supposerions entourée d'une foule d'esclaves empressés à la servir au sortir du cristal liquide qui ne déroboit aucun de ses attraits; nous la verrions se parer de ces voiles transparens, où la soie se marie au coton le plus fin, et que les anciens nommoient des nuages de vent tissus : décrirons-nous ces colliers de corail ou de grenat qui font ressortir la blancheur d'un cou d'albâtre, ces longs cheveux qu'on arrose des parfums les plus précieux, et que l'on tresse ensuite en une infinité de nattes réunies et fixées au sommet de la tête par de longues épingles d'or, terminées par une étoile de brillans, ou une rose en pierres précieuses? La toilette se termine par un coup d'œil sur le miroir que l'esclave favorite présente à sa maîtresse, tandis que celle-ci, penchée sur le divan, et s'appuyant sur de moelleux coussins, se fait apporter la lyre d'or qui va résonner sous ses doigts dont l'extrémité effilée est teinte d'une légère nuance d'incarnat ; elle va marier quelques accords aux modulations qui lui sont inspirées par l'amour et la volupté.....

Eh bien! pas un de ces agréables tableaux, nulle de ces riantes idées, ne sont venus s'offrir à notre jeune imagination, et agiter notre cœur ; cependant le lieu de la scène, quoique solitaire en ce moment, étoit bien choisi, l'ameublement recherché, le jour mystérieux, l'atmosphère embaumée par les émanations des pastilles du sérail, de la tubéreuse et de l'héliotrope…. Un mot excusera notre apparente froideur : ce bain étoit celui d'une dame grecque, qui possédoit de la richesse, des talens, de l'amabilité; mais elle joignoit, malheureusement pour elle et pour nous, à tous ces avantages un tort involontaire, impardonnable, celui d'approcher de son huitième lustre.

# LETTRE XLI.

§. III. *Eglises grecques et Mosquées.*

Nous avons dit que les premiers dômes paroissent avoir été imaginés pour couvrir les salles des Thermes, et en cela, comme dans la plupart des autres inventions, ils sont le résultat du besoin, de la nécessité même; car il s'agissoit de clore, d'une manière solide, de grands espaces, qui ne pouvoient l'être mieux ni autrement qu'en maçonnerie.

L'application de ce système de bâtisse aux temples, ne remonte qu'à une époque bien postérieure; et, à l'exception de quelques petits sanctuaires, tels qu'à celui de Vesta à Tivoli, et la lanterne de Démosthène à Athènes, on ne fit usage des voûtes semi-sphériques, pour les églises, que vers le quatrième siècle.

Les premiers temples chrétiens avoient la forme d'un parallélogramme rectangle, comme ceux des païens; ils ressembloient encore davantage aux basiliques, dont ils empruntèrent la forme, comme ils en conservent encore le nom.

Mais bientôt la religion chrétienne étant devenue dominante, ces temples ne suffirent plus; il fallut les rendre propres à contenir la multitude, qui, chez les païens, se tenoit au dehors de ces édifices. Ici tous étoient admis à participer à la célébration des saints mystères dont ils devoient être les témoins, tandis que les cérémonies du paganisme, auxquelles le peuple assistoit, tels que les sacrifices, les prières publiques, se passoient en plein air, et l'intérieur des temples ne servoit qu'à la célébration des mystères secrets, des initiations, etc.

C'est alors, croyons-nous, qu'on adopta la croix grecque, comme offrant un plus vaste développement. Le centre ne pouvoit être couvert que par un dôme, et celui de l'église de Sainte-Sophie de Constantinople, la plus célèbre construction de ce genre, devint sans doute le modèle des temples dans tous les pays où le christianisme avoit pénétré.

La première église de Sainte-Sophie, bâtie par Constantin, n'avoit point de dôme; elle offroit, ainsi que l'ancienne basilique de Saint-Pierre, qui remontoit à la même époque, la forme simple des temples du paganisme, c'est-à-dire un carré long, divisé dans la largeur par deux files de colonnes en trois espaces; mais l'église de Constantin ayant été détruite, elle fut rebâtie par son fils, sur un plan plus étendu. Brûlée sous Arcadius, dans la sédition excitée contre saint Jean Chrysostôme, patriarche, elle le fut encore sous Honorius. Rétablie par Théodose, elle devint encore la proie des flammes, dans la cinquième année du règne de Justinien, qui commença aussitôt le superbe édifice qui subsiste encore aujourd'hui. Cependant il ne nous est pas parvenu sans altération ; vingt-sept ans après, un tremblement de terre renversa l'hémicycle, et sa chute écrasa l'autel. Cet édifice souffrit encore des dégradations sous l'empereur Basile le Macédonien. Enfin, l'impératrice Anne et Jean Paléologue firent de nouvelles réparations à ce temple, et les immenses contre-forts dont on fut obligé de l'entourer, lui firent perdre peu à peu sa forme primitive, dérobèrent toute la décoration extérieure, et en rendirent la masse lourde et sans agrément. Aussi n'avons-nous pas pris cet édifice comme le type des églises grecques, mais bien la Solimanie, qui répond mieux à l'idée qu'on peut se former des anciennes églises grecques dont elle est tout au moins une imitation, si elle n'est pas seulement une restauration de l'une de celles dont les empereurs du Bas-Empire avoient enrichi leur capitale.

Nous ne manquerons pas de preuves pour soutenir ce que nous avons déjà avancé, que les Turcs, ne possédant aucune industrie qui leur fût propre, n'ont fait que s'emparer de celle des Grecs en envahissant leurs pays. Ce n'est pas un fleuve qui se précipite dans un autre, et l'augmente du volume de ses propres eaux; les musulmans n'ont fait que se plonger dans le torrent des connoissances, et en ont suivi le cours qu'ils ont plutôt entravé qu'accéléré.

Quelques faits sont nécessaires à l'appui de cette assertion, qui se rapporte ici particulièrement aux mosquées ; nous puiserons ces faits dans différentes sources respectables.

Les historiens du Bas-Empire nous apprendront d'abord qu'au moment de l'assaut général livré à la ville de Constantinople par les Turcs, Mahomet II promit à ses soldats le pillage pendant trois jours : quant à lui, il ne prétendoit rien du butin, et il ne se réservoit que les monumens, dont il leur recommanda la conservation. Il paroît que cette clause fut assez bien observée, car, lorsque cet empereur entra dans Constantinople, il fut frappé de la magnificence des édifices, et particulièrement de l'aspect de Sainte-Sophie; et, ayant aperçu un Turc occupé, par zèle pour sa religion, à dégrader les belles mosaïques dont les murailles et le pavé étoient incrustés, le prince tomba sur lui à coups de cimeterre, en lui criant : « Scélérat ! n'est-ce pas assez » que je t'aie abandonné, ainsi qu'à tes ca- » marades, et les biens et les personnes de » Constantinople ? ignores-tu que je me suis » réservé les édifices et les pierres ? » Dès ce moment l'église de Sainte-Sophie fut convertie en mosquée. Alors, dit l'historien mahométan, Cogia-Effendi, au lieu du son désagréable des cloches, on entendit la voix harmonieuse des musulmans, qui annonçoient le temps de la prière cinq fois par jour. On ôta, ajoute-t-il, les idoles de ces temples, on les purifia de toutes les ordures dont ils étoient souillés ; enfin, si l'on en croit Voltaire, on lava tout l'intérieur de Sainte-Sophie avec de l'eau de roses.

Cependant plusieurs églises restèrent consacrées au culte grec, et Mahomet fit élire un patriarche dans les formes accoutumées. Cette cérémonie eut lieu dans l'église des Saints-Apôtres, où le sultan avoit ordonné de transférer le siége patriarcal, depuis que la basilique de Sainte-Sophie avoit été convertie en mosquée. On expédia au patriarche des lettres de sauve-garde pour garantir sa personne de toute insulte dans l'exercice de ses fonctions ; il fut déclaré exempt de tout impôt et de toute charge publique, et ce privilége s'étendit aux évêques ses suffragans. Peu de temps après, le siége fut transféré dans une autre église de la Vierge, connue sous le nom de Pammacariste.

Voilà donc les églises grecques conservées ou converties en mosquées, à Constantinople, comme elles l'avoient été sans doute dans le reste de la Grèce et de l'Asie mineure; et si les écrivains grecs pouvoient être taxés de prévention à cet égard, on n'en accusera pas un voyageur mahométan (1), qui, disposé à faire valoir les ouvrages de ses compatriotes, ne leur attribue pas néanmoins la construction de ceux dont nous allons parler.

« A Huleh, grande ville sur les bords de l'Euphrate, entre Bagdad et Médine, on voit plusieurs tombeaux très-anciens, tels que ceux de Job et de Jethro, beau-père de Moïse. Auprès de l'autel de la mosquée dépendante de ce dernier tombeau, et dans plusieurs autres de l'empire turc, j'ai, dit ce voyageur, remarqué des tombes, usage formellement opposé à la tradition du Prophète : « Vous n'enterrerez pas » vos morts dans les mosquées. » En outre,

---

(1) *Voyage de l'Inde à la Mekke*, par Abdoul Kerym, favori de Rahmas-Quouly-Khan; traduit par M. Langlès, membre de l'Institut.

comme les mosquées ont leur giblah (1) tourné plus communément du côté de Jérusalem que vers la Mecque, on seroit tenté de croire, continue le même voyageur, que c'étoient originairement des églises ou des monastères chrétiens que les Turcs ont convertis à leur usage ; mais, ajoute-t-il, je ne donne cette supposition que pour ce qu'elle vaut, n'ayant pas d'autorité pour l'appuyer. »

Le témoignage du Cantemir (2) va fortifier cette opinion. Sélim I$^{er}$, dit-il, s'emparant de toutes les églises de la capitale, en laissa une aux Grecs, en faveur d'un architecte de cette nation qui avoit bâti, par ses ordres, une grande et magnifique mosquée à Andrinople. C'étoit le neveu d'un autre architecte que Mahomet II avoit employé dans la construction d'une mosquée qu'il fit élever à Constantinople. Sélim fut si content de cet artiste, qu'il lui fit présent non seulement de l'église grecque, mais encore de toute la rue où elle étoit située.

Il résulte de là deux faits intéressans : d'abord, que les Turcs considéroient les Grecs comme leurs maîtres en architecture ; ensuite qu'il existoit, près d'un siècle après la prise de Constan-

---

(1) Table de marbre, qui indique le côté où il faut arrêter ses regards, pour les avoir tournés du côté de la Mecque.
(2) *Hist. de l'Empire Ottoman*, tom. II, pag. 156.

tinople, un grand nombre d'églises grecques. Nous avons vu qu'elles n'avoient pas été détruites dans le sac de la ville ; et, si elles existoient à cette époque, ne pourroit-on pas encore les reconnoître dans les nombreuses mosquées qui hérissent la ville et les faubourgs de cette capitale? quoique l'on en attribue la construction aux sultans et aux principaux dignitaires de l'Empire, ils n'ont fait sans doute, comme Sélim, que de les restaurer, de les enrichir et de les consacrer à leur culte, en substituant des minarets aux clochers.

Dans la supposition même que les Turcs auroient fait bâtir tous ces édifices, on ne peut se refuser à l'évidence, en y reconnoissant l'ouvrage des Grecs, ou tout au moins la copie des monumens qu'ils avoient érigés sous leurs propres empereurs. Nous n'en voulons d'autres preuves que la parfaite similitude qui existe entre les mosquées, même les plus nouvelles, avec l'ancienne église de Sainte-Sophie, qui a servi de type et de modèle à tous ces édifices ; ils sont même dans une proportion décroissante, je ne dirai pas de richesse, mais de beauté réelle, à mesure que leur construction se rapproche de notre temps. Prenons pour exemple la mosquée du sultan Achmet III, la dernière bâtie, et sans contredit la plus magnifique.

Mosquée de Tersana.

Pl. 43.

Il n'est pas besoin d'entrer dans les détails de sa construction pour juger, lorsqu'on a voyagé dans le Levant, que, malgré la richesse de la matière, la multiplicité des ornemens et la grande proportion de cet édifice, il paroît mesquin et de mauvais goût, et l'intérieur surtout ne produit pas la moitié de l'impression que fait éprouver l'aspect de Sainte-Sophie et de la Solimanie.

Dans l'origine les mosquées étoient des bâtimens carrés, comme les temples grecs et les églises primitives; mais lorsque les chrétiens adoptèrent la forme ronde, ou bien celle d'un polygone, et qu'ils couvrirent le centre et le sanctuaire d'une ou de plusieurs coupoles, les Turcs suivirent cet exemple, ou plutôt, comme ils employoient toujours des artistes étrangers, ils adoptèrent les plans et les ornemens que leur suggéroit le goût propre à ces artistes.

Nous donnons ici une mosquée dont la forme s'éloigne de l'imitation de Sainte-Sophie, et a quelque analogie avec celle de Saint-Marc de Venise, et avec quelques autres basiliques d'Italie (*Planche XLII*). On peut voir aussi dans l'église d'Hydra (1) le modèle de plusieurs mosquées de l'Asie mineure; mais, en décrivant la mosquée de Soliman (*Planche XLIII* et

---

(1) *Pl. XVI*, vol. I, pag. 160, et *Pl. XLV*, pag. 46 de ce volume.

*XLIV*), nous offrirons le plus parfait modèle des églises grecques, dont elle ne diffère que par l'emploi des minarets au lieu des clochers, et encore ces minarets semblent n'avoir pas été conçus en même temps que les autres parties de l'édifice, et paroissent-ils appliqués après coup à d'anciennes constructions, dont ils détruisent la parfaite régularité.

Cette mosquée offre un grand dôme, couvert de plomb, et surmonté de son aiguille ou colophon, de bronze doré, terminé par le croissant; il est flanqué de quatre portions de dômes en cul de four, qui forment au dedans comme autant de chapelles, ou renfoncemens demi-circulaires, qu'on retrouve à Sainte-Sophie, qui elle-même étoit en cela une imitation des grandes salles des Thermes qu'on voit à Rome.

Entre chaque demi-coupole il existe à l'intérieur deux contre-forts étagés, et dont chaque degré est surmonté de trois petites lanternes, et d'une quatrième plus élevée. Ces lanternes servent d'ornement à l'extérieur, et d'issue aux escaliers par lesquels on aboutit aux galeries supérieures.

Tout cet ordre de constructions, qui offre l'image de la croix grecque, est inscrit dans un carré formé par plusieurs rangs de galeries qui font le tour de l'édifice, à l'intérieur comme à l'extérieur.

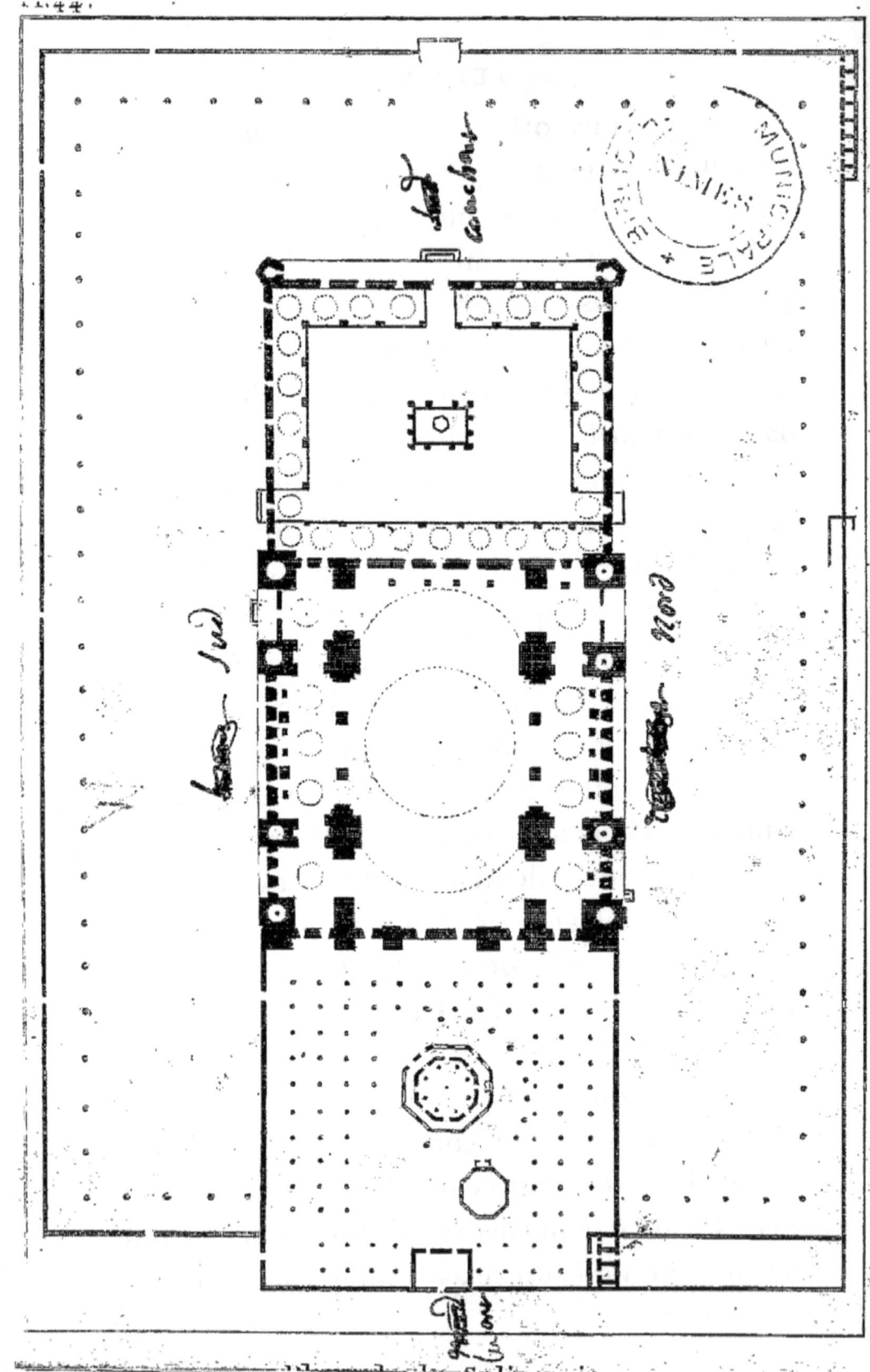

Du côté du couchant est l'entrée principale du péristyle ou cloître, qui précède la mosquée, et qui est entouré de colonnes et couvert de petites coupoles revêtues en plomb. Une magnifique fontaine, terminée aussi en dôme, occupe le centre de la cour, et les quatre minarets sont aux angles extérieurs de cette espèce de cloître.

Derrière le chevet de la mosquée il existe un espace à peu près égal à la superficie du temple, et qui est entouré seulement de murailles ; c'est le cimetière, planté de beaux arbres en quinconce, et où l'on voit le tombeau de Soliman et celui de son épouse. On peut supposer que cet espace étoit déjà destiné au même usage. Ce qui confirmeroit cette idée, et par conséquent prouveroit l'existence de cet édifice avant le règne de Soliman, c'est que l'ordre des allées d'arbres, bien plus anciens que ce tombeau, a été dérangé pour le construire, et qu'il n'est pas même au milieu de l'espace, où on l'auroit naturellement fondé si la place avoit été libre. La position du mausolée de l'épouse de Soliman est encore moins en rapport avec la forme du terrain.

La situation de ce cimetière derrière le chevet de l'édifice ; celle du cloître qui le précède, dont on retrouve des exemples dans les plus anciennes églises, et particulièrement dans l'Annonciade de Florence : la vaste enceinte qui entoure l'édifice, plantée d'arbres, servant de promenade, ou plutôt d'abri et de lieu de repos aux Turcs; en un mot, la disposition générale des lieux avoit un but d'utilité dans l'appareil de plusieurs cérémonies religieuses du culte chrétien, et qui se passoient à l'extérieur des temples. On sait effectivement que, dans les premiers siècles de notre ère (1), les églises étoient accompagnées d'un vaste enclos, qui renfermoit plusieurs bâtimens pour le logement de l'évêque et du clergé (*Pl. XLV*) (2). Cette enceinte contenoit parfois des jardins, des bains, des portiques; ils servoient d'asile, et les fugitifs y étoient en sûreté.

Chez les Turcs il en est encore de même : l'enceinte des mosquées contient des bâtimens qui servent d'asile aux ministres de la religion : on y voit aussi des écoles, des hôpitaux; enfin, on trouve à l'extérieur deux sortes d'établissemens publics, les sebilkanas et les adepkanas, dont nous parlerons plus loin.

On voit, d'après cette description, que les mosquées ont le plus grand rapport avec les

---

(1) Le Beau, *Hist. du Bas-Empire*, vol. V, pag. 201; vol. VII, pag. 60.

(2) Ce plan de l'église d'Hydra, quoiqu'il ne soit pas complet, donnera l'idée de celui des plus anciennes églises chrétiennes, dont

Pl. 45.

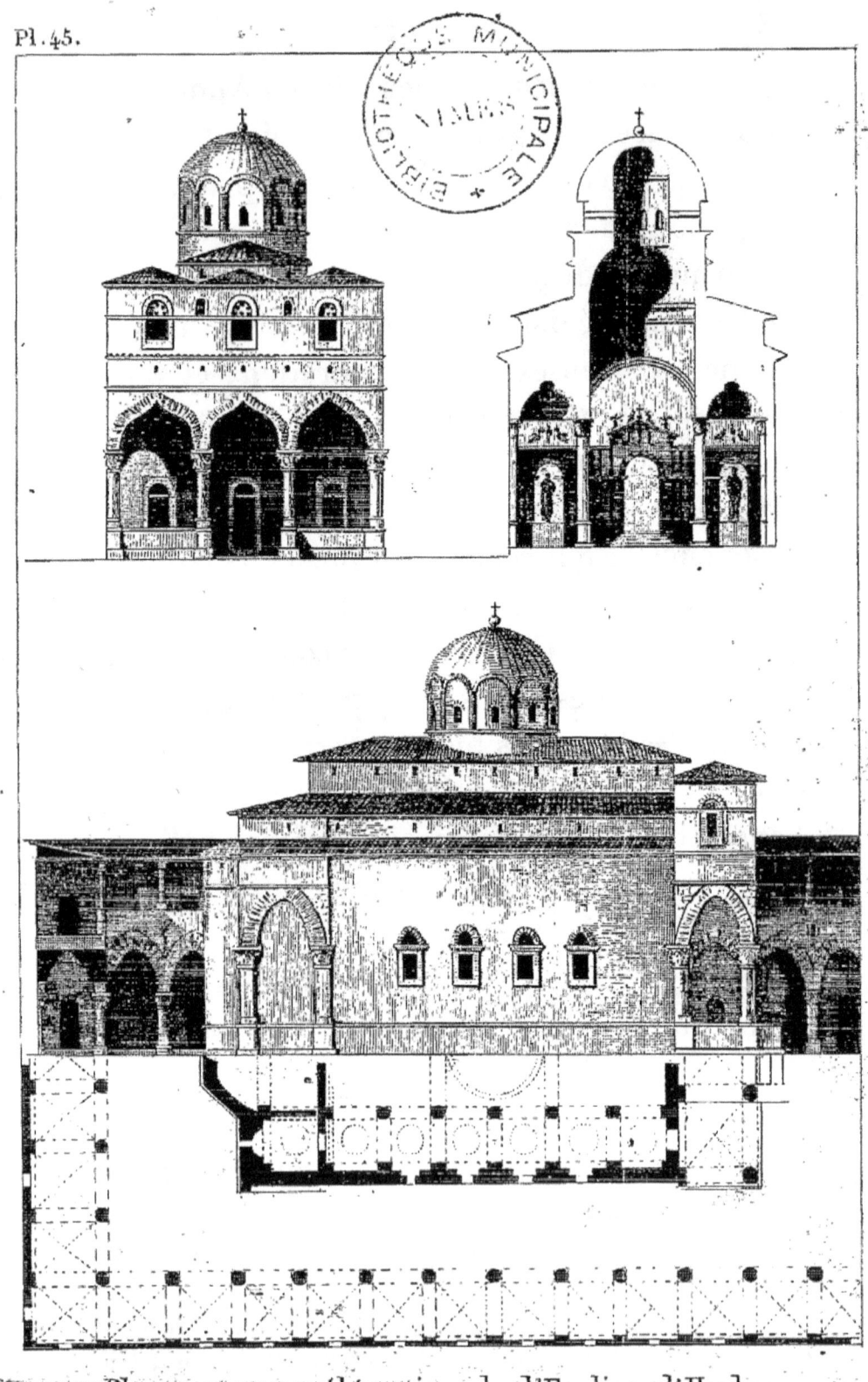

Plan et élévation de l'Église d'Hydra.

églises grecques : la différence la plus essentielle entr'elles, et ce qui, au premier coup-d'œil, les fait distinguer les unes des autres ce sont les minarets et les campanilles.

Les églises grecques à Constantinople, et dans la plupart des villes de la Turquie, n'ont pas même la faculté d'avoir des clochers ; ils ont été abattus ou sont inutiles, et les fidèles ne se rassemblent plus, comme dans la primitive Eglise, qu'au son rauque et sourd de l'humble crécelle. Cependant l'antique campanille de Sainte-Sophie subsiste encore, mais il est vide et muet ; on doit même s'étonner que les Turcs ne l'aient pas abattu, ce qui prouve leur tolérante indifférence, et semble présager que le règne de la religion chrétienne n'est pas encore fini, et qu'un jour peut-être, de ce temple, le plus ancien de la chrétienté, partira le signal de la délivrance de la Grèce, et du triomphe de la Croix sur le Croissant.

En attendant, quelques insulaires se glorifient du privilége d'avoir des cloches ; le beau campanille d'Hydra élève avec orgueil sa cime pyramidale, et fait retentir, presque conti-

---

il a retenu la disposition générale. D'ailleurs, cette composition, qu'on peut considérer comme un modèle de convenance, prouve que les Grecs modernes ne sont pas si étrangers qu'on le suppose à la culture des arts.

nuellement dans les airs, les plus joyeux carillons (1), tandis que les chrétiens de Constantinople se rendent sans bruit dans les humbles chapelles, que rien n'annonce à l'extérieur, et qui sont à peine décorées des plus simples attributs du culte ; mais elles sont remarquables par la ferveur des ministres de la religion et le recueillement du petit nombre de fidèles admis à la participation des saints mystères.

Je ne sais point la raison pour laquelle les Turcs ont banni les cloches ; et, quoi qu'ils en disent, les effroyables cris des muezzins n'ont pas remplacé avantageusement le son de l'airain, frémissant sur des tons divers et soumis aux règles de l'harmonie.

La structure des minarets, quoique plus légère, est aussi bien moins agréable que celle des campanilles, dont on a fait parfois des édifices très-élégans.

Les minarets, du mot arabe *menar*, qui signifie signal ou fanal, sont d'une hauteur démesurée, relativement à leur diamètre renflé à différentes hauteurs, par des galeries en sur-

---

(1) Voir la Planche XVI, qui offre la vue perspective de l'église d'Hydra. Le format dans lequel nous avons été forcés de nous restreindre dans celle où nous avons voulu donner en même temps l'élévation géométrale et le plan de ce temple, ne nous ayant point permis d'indiquer le clocher.

plomb, et surmontés d'un cône terminé par une pointe très-aiguë. Ils ne présentent à l'œil surpris qu'un tour d'adresse de construction, qui fait craindre leur chute aux passans.

Dans l'origine (1), les minarets étoient d'une meilleure forme; et dans ceux de Sainte-Sophie, qui n'ont qu'une seule galerie, on paroît avoir voulu imiter les antiques colonnes triomphales dont on voyoit naguère plusieurs modèles à Constantinople. Si les Turcs avoient suivi en tout les proportions de ces monumens, l'innovation eût été heureuse, de bon goût même, et ces colonnes auroient, mieux que les clochers des églises, rempli leur objet, qui est de donner la facilité aux crieurs de se faire entendre de tous les points de l'horizon, en parcourant la galerie qui les couronne.

Ayant été voir la mosquée de Scutari (*Planche XLVI*), située sur une hauteur, et dans le lieu le plus convenable, après la tour de Galata cependant, pour découvrir d'un coup d'œil toute la ville de Constantinople, et particulièrement les jardins du sérail, nous désirâmes monter au haut du minaret, qui est très-élevé, et d'une construction hardie; ce n'est

---

(1) Le premier minaret, celui de la grande mosquée de Damas, ne fut, suivant d'Herbelot, érigé qu'en 1690.

pas sans difficulté que nous en obtînmes la permission. L'escalier est si étroit, qu'à peine une personne peut-elle y passer; on touche les murs des deux côtés; et comme on tourne continuellement sur soi-même, pour ne pas tomber il faut embrasser la mince colonne qui forme le noyau de l'escalier. Arrivés à la porte qui débouche sur la galerie, on passe de côté tant elle est étroite, et on se glisse aussitôt le long du parapet pour que celui qui vous suit puisse en faire autant. La hauteur de ce minaret est telle, et il est situé au bord d'un escarpement si profond, que nous en avons eu des vertiges; je ne sais si l'imagination y entroit pour quelque chose, mais il nous a semblé que cette frêle colonne avoit un mouvement d'oscillation très-marqué. Le muezzin affirmoit sérieusement que, lors des grands vents, on la voyoit se balancer comme les arbres, et que lui-même, bien habitué à y monter, avoit observé souvent cet effet, que la formule sacrée qu'il employoit rendoit sans danger; mais il n'en étoit pas de même, sans doute, pour les mécréans tels que nous; car, à peine avions-nous parcouru des regards pendant quelques minutes, du haut de cet observatoire, l'immense variété d'objets dont nous étions entourés, qu'il nous a pressés de redescendre.

Comme on a été obligé, vu l'exigu diamètre de cette colonne, qui n'est guère que de cinq pieds, de faire les marches d'une hauteur démesurée, et comme on va toujours en tournant, à peine étions-nous sortis de la porte, qu'il étoit curieux de nous voir tomber l'un après l'autre, et nous rouler par terre comme des gens ivres : nous en avons même conservé de la fatigue pendant plusieurs jours.

Le balancement qu'éprouvent les minarets est plus ou moins sensible ; et le voyageur que nous avons déjà cité (1), en donne un exemple très-singulier. En allant à la Mecque, il visita le minaret Tremblant, bâti auprès de la mosquée de Jethro : « Il est, dit-il, si considérable, que son escalier a plus de deux pas de largeur. Parvenu au sommet, vous posez le bras sur la boule qui le termine, en criant de toutes vos forces : « O minaret ! pour l'amour d'Ali ébranle-toi. » Comme j'ai toujours aimé ce qui m'a paru extraordinaire et curieux, je montai sur ce minaret avec plusieurs autres personnes ; nous fîmes tout ce qu'on nous avoit prescrit, et le minaret demeura immobile comme un rocher. Je priai alors le desservant de la mosquée d'essayer à son tour ; et à peine eut-il

---

(1) Abdoul Kerim, *Voyage à la Mekke*.

ouvert la bouche pour crier, que la cime du minaret s'ébranla. Nous éprouvâmes un si violent balancement, que nous nous serrâmes fortement les uns contre les autres, de peur d'être précipités. Mon compagnon de voyage, qui étoit resté en bas, contemploit ce spectacle avec beaucoup d'étonnement, sans pouvoir comprendre, plus que nous, la cause de cet étrange phénomène. »

Nous avons dit que nous parlerions des *Sebilkanas* et des *Adepkanas*. Ce sont des établissemens où le public est reçu gratis, et qui se trouvent, pour l'ordinaire, auprès des mosquées et des bazars.

On nomme sebilkanas des salles où l'on donne à boire de l'eau fraîche aux passans. Le *sibilgi*, verseur ou pourvoyeur d'eau, met, pendant les grandes chaleurs, ses cruches rafraîchir dans des seaux pleins de neige, et l'on entend souvent les buveurs d'eau s'écrier, après s'être rafraîchis : « Dieu fasse miséricorde à qui nous procure cette jouissance ! »

Les adepkanas sont au nombre de ces choses que notre délicatesse dans la langue parlée et écrite nous fait une mauvaise honte de nommer : à cet égard nous sommes même devenus d'une telle susceptibilité dans nos expressions, qu'il nous faut maintenant de longues périphrases pour faire comprendre ce qui ne coûtoit autrefois qu'un mot. Nos bons aïeux, tout en appelant chaque chose par son nom, avec une naïveté et une franchise que nous traitons de cynisme, avoient-ils plus ou moins de pudeur et de retenue que nous dans leurs actions? Nous ne déciderons pas cette question, nous bornant à observer qu'il ne devroit y avoir de honte que dans l'expression des idées déshonnêtes et des actions indécentes. En conséquence, mettons de côté une vaine délicatesse, et disons franchement qu'il est question ici des privés ou lieux d'aisance publics.

On nomme ces lieux adepkanas, c'est-à-dire lieu de honte; d'où vient, chez les Turcs, l'injure si ordinaire d'*adepsis*, sans honte ou effronté. On trouve de ces adepkanas dans tous les quartiers de la capitale, et particulièrement auprès des mosquées. Tenus, d'ailleurs, fort proprement par les particuliers eux-mêmes et par le *maidagi* ou balayeur public, ils sont composés d'un plus ou moins grand nombre de cellules, dans chacune desquelles il y a une fontaine qui coule toujours, ou tout au moins un robinet qui sert au *tahara* ou lotion particulière ordonnée par la religion.

Aussi ne voit-on pas à Constantinople, comme dans nos villes les plus policées, et où l'on se vante d'avoir sacrifié le plus à la commodité et à l'agrément du public, les effets de la privation des adepkanas, et on n'a pas besoin de mettre les palais, et même les temples, sous la protection des ordonnances de police, qui ne seront jamais exécutées à cet égard tant que nous ne suivrons pas l'exemple des Orientaux. Aussi, quand ils voyagent dans nos contrées, regrettent-ils, avec raison, le *geroun* de Damas, grande place entourée de portiques, où il existe trente-six de ces lieux, aussi nécessaires que proprement tenus.

Au reste, les Turcs n'ont fait en cela, comme dans presque toutes leurs coutumes, que de continuer celles des anciens.

Il y avoit de pareils établissemens à Rome, et Constantin en transmit l'usage à sa nouvelle capitale, ce qui est confirmé par un fait dont on a conservé la mémoire : on montre même encore, auprès de la colonne Brûlée, la place de l'un de ces adepkanas, où mourut le trop célèbre Arius, dont la funeste hérésie, née avec l'Empire d'Orient, donna le signal à toutes les erreurs qui entravèrent les progrès de la religion chrétienne, agitèrent l'Empire dans les siècles suivans, et furent enfin la cause de sa chute.

Le jour même qui avoit été fixé pour célébrer

le triomphe de l'imposteur, ses partisans le promenèrent dans la ville pour le montrer au peuple ; il passoit, avec un nombreux cortége, par la grande place, auprès de la Colonne de Porphyre, lorsqu'il se sentit pressé d'un besoin naturel qui l'obligea de gagner un lieu public, tel qu'il y en avoit alors dans toutes les grandes villes. Comme il tardoit beaucoup, ceux qu'il avoit laissés dehors s'en inquiétèrent, et, étant entrés, ils le trouvèrent mort, renversé par terre, nageant dans son sang, et les entrailles hors de son corps. L'horreur d'un tel spectacle fit d'abord trembler ses sectateurs ; mais, toujours endurcis, ils attribuèrent aux sortiléges du patriarche un châtiment si bien caractérisé par toutes les circonstances. Ce lieu cessa d'être fréquenté ; on n'osoit en approcher dans la suite, et on le montroit au doigt comme un monument de la vengeance divine. Long-temps après, un arien, riche et puissant, acheta ce terrain, et y bâtit une maison, afin d'effacer la mémoire de la mort funeste d'Arius.

# LETTRE XLII.

§. IV. *Palais et Maisons particulières.*

Les Turcs n'ont point de palais qu'on puisse comparer, quant à la régularité du plan, la beauté des élévations, la grandeur des bâtimens, et l'étendue des dépendances et des jardins, avec ceux des souverains de l'Europe, et même à quelques uns des châteaux de nos riches particuliers.

Les palais des Beys et des Pachas gouverneurs des provinces de l'Empire, sont, pour l'ordinaire, les châteaux ou les forteresses des villes qu'ils commandent; et la demeure du Grand-Seigneur, à Constantinople, n'est autre que celle que les Empereurs grecs avoient fortifiée pour se mettre à l'abri des mouvemens séditieux d'une population turbulente et d'une armée indisciplinée. Mahomet II, en s'emparant de la ville, vint habiter le palais du dernier des Constantins, dont on ne peut se refuser à reconnoître les restes dans les bâtimens actuels du sérail.

Ecoutons un voyageur (1), qui, par une exception fort rare, a pénétré dans cette formidable enceinte. « C'est, dit-il, particulièrement au règne de Mahomet qu'on doit les plus beaux édifices du sérail. Ali Effendi, surintendant de ses bâtimens, homme instruit, s'étoit fait traduire les meilleurs traités d'architecture ; il s'appliquoit avec ardeur à l'étude des mathématiques, et se plaisoit beaucoup à disserter sur toutes les parties de cette science. Dans les édifices qu'il fit construire, il cherchoit à imiter les anciens, et même les modernes ; il se servoit de tout ce que le temps a épargné, et à chaque pas il rencontroit des vestiges de la splendeur des Empereurs grecs ; car, des parties de bâtimens antiques se sont conservées intactes, et la plupart des constructions modernes sont érigées sur d'anciennes fondations.

» Il existe, ajoute-t-il, sous les appartemens, et même sous les cours du sérail, des chambres et des réservoirs souterrains : les voûtes sont soutenues par de grosses colonnes de pierre ; les murs sont à toute épreuve ; il semble qu'on vient de les recrépir, et l'eau s'y conserve comme dans un bassin de marbre,

---

(1) Flachat, *Observations sur le Commerce et sur les Arts dans l'Orient.*

sans pouvoir ni dégrader les parois des voûtes, ni filtrer à travers les pavés, tant ces peuples avoient l'art de bien employer le ciment et la chaux.

» En général, continue le même voyageur, il règne dans ce vaste palais une simplicité admirable aux yeux des connoisseurs ; quoiqu'il y ait peu d'ornemens d'architecture, tout annonce le séjour d'un grand Empereur. On auroit pu le construire avec plus de régularité, d'élégance et de goût ; mais il auroit été difficile de le faire avec plus de solidité et de grandeur. Les architectes se sont attachés à imiter les Grecs dans cette partie, et ils avoient de beaux modèles dans le sérail même. »

En effet, d'après la description détaillée du même voyageur, qui cependant ne semble pas être un grand connoisseur en antiquités, il paroît qu'il existe une quantité de péristyles, de galeries et de salles soutenues par des colonnes de porphyre et de vert antique, de murs revêtus de marbres précieux, des bassins et des *vasques* aussi de marbre, et couverts, dit-il, de bas-reliefs d'un travail admirable ; et certes on ne peut attribuer la construction de tous ces objets aux sultans, dont la plupart des édifices, bien que décorés très-richement, ne portent pas le même caractère de grandeur et de magnificence. Nous n'en citerons qu'un exemple : un péristyle mène à la cour des cuisines ; ce sont des bâtimens voûtés en dômes, couverts de plomb. Leur distribution, dit Flachat, est admirable, et l'eau y coule en abondance de plusieurs robinets. On y reconnoît, ajoute-t-il, l'intelligence des anciens, et l'art qu'ils avoient d'associer l'agréable à l'utile ; mais les Turcs ont un peu dérangé, du côté opposé, la symétrie de ce beau péristyle, qui fait presque tout l'ornement de la seconde cour, pour y construire deux appartemens coupés par une grande salle, où le kislar-aga assemble son divan particulier.

Si les architectes turcs n'excellent pas dans la décoration extérieure des bâtimens, ils savent assez bien en distribuer et orner l'intérieur. En général, ils préfèrent la boiserie et la sculpture aux tapisseries ; tout est peint ou doré, et leurs ornemens consistent, non en figures d'hommes et d'animaux, ce qui est proscrit par leur religion, mais en fleurs, fruits, feuillages, vases et autres dessins arabesques, d'un caractère insignifiant, sans motif d'intérêt, mais d'une combinaison de lignes et de couleurs quelquefois ingénieuses et presque toujours agréables. Toutes ces peintures et ces dorures sont appliquées sur un stuc très-fin et très-beau, ou bien sur le marbre blanc qu'ils savent colorier, reste d'un usage antique, dont Pline déploroit l'abus, et qu'il critiquoit amèrement.

Ils emploient aussi la porcelaine et la faïence en carreaux de revêtement, pour les plafonds, les embrasures de fenêtres, et parfois même toute la façade des kiosques en est revêtue.

Cependant il est des pièces qui sont tapissées avec des velours ou du beau drap brodé en or et en soie, ou bordé de drap d'or, de brocard ou d'autres étoffes en soie unie ou à fleurs. Les portières, les sophas et les ployans, sont assortis, pour la couleur et le travail, aux tentures.

Le parquet est communément couvert de tapis de Perse; mais, dans certains kiosques mieux décorés, on étend en hiver un tapis de feutre blanc, parsemé de fleurs détachées; en été, on y substitue une natte d'Égypte, formée, je crois, de feuilles de palmier, et qui ne réjouit pas moins la vue par les fleurs et les feuilles que l'on y peint. Au reste, jusque dans les corridors et les vestibules, on marche toujours sur des tapis de moquette ou sur des nattes; aussi, dès qu'on entre dans une maison, il est d'usage de quitter sa première chaussure qu'on laisse à la porte, et les Européens, qui ne peuvent se conformer à cette étiquette, sont vus de mauvais œil par les maîtres du logis.

C'est, surtout, dans les palais et autres maisons d'habitation, qu'on acquiert la certitude que les Turcs ont adopté des Francs le goût particulier qu'on voit régner dans ces édifices. Tous les jours ils perdent un peu du style oriental, qui faisoit leur plus grand charme : on ne trouvera, en effet, nulle ressemblance entre les anciennes maisons impériales et les nouvelles. Le plus riche kiosque du Grand-Seigneur, celui de Beschik-Tasch, a été bâti sur les plans que les Italiens en ont donné, et en partie reconstruit, il y a peu d'années, par M. Melling, alors architecte de la sultane Hadidjé, sœur de Selim III.

Dans celui des Eaux douces, situé au fond du port, non loin des ruines du palais de Constantin, on a, dit-on, voulu imiter notre admirable château de Marly, détruit à une époque trop féconde en désastres de toute espèce, et dont les arts ont particulièrement à gémir. Cette prétendue imitation de l'un des chefs-d'œuvre du siècle de Louis XIV, ne consiste qu'en un simple pavillon flanqué de kiosques, dont la beauté des eaux et le luxe de la végétation qui l'entourent font tout le mérite.

Les autres maisons de plaisance des sultans, telles que Beglerbey, Caskuen, Dorman-Bactzie, etc., ne sont que des agrégations de bâtimens, de forme, de hauteur différentes, de style divers, qui ne tirent leur agrément que de la beauté du site, de la richesse des matériaux dont ils sont construits, et des meubles qui en font l'ornement.

Les maisons des particuliers sont, pour l'ordinaire, à deux étages : par une combinaison ingénieuse, mais contre les principes de toute bonne construction, ces divers étages sont en encorbellement l'un sur l'autre ; il en résulte que le rez-de-chaussée est moins vaste que le premier, et celui-ci que le second, qui a une telle saillie, que souvent, dans les rues étroites, on marche à couvert, à l'abri des étages supérieurs. A peine aperçoit-on le ciel entre le faîte des maisons, du haut desquelles on pourroit presque se donner la main d'un côté de la rue à l'autre. Cette étrange bâtisse consiste à faire dépasser les poutres horizontales des planchers de quelques pieds en dehors à chaque étage.

Ailleurs les rues sont couvertes par des berceaux, garnis de palmes sèches ou de treilles verdoyantes ; beaucoup de maisons se terminent en terrasse ; la plupart sont couvertes d'un toit si peu incliné, qu'on peut aisément marcher dessus. Presque toutes sont surmontées d'une loge à jour, comme en Italie, ou d'un belvé-

Maison de plaisance turque.

et sous des angles divers, apercevoir à toutes les distances.

Ces balcons en saillie étoient autrefois en usage à Rome, et ils s'étoient même tellement multipliés, au mépris des règlemens de police, qu'il fallut une ordonnance de Valentinien pour les faire abattre.

On pourroit aussi supposer que les maisons étoient construites d'une manière fort légère, peut-être en bois comme celles des Turcs, d'après une autre ordonnance du même Empereur, qui enjoignit de laisser un espace libre entre les demeures des particuliers et les murs des temples et des églises, pour empêcher la propagation des incendies : car, suivant une loi ancienne, tous les édifices publics devoient être isolés ; mais cette loi étoit tombée en désuétude. C'est sans doute par le même motif que les grandes mosquées de Constantinople sont entourées d'une vaste enceinte ; elle les garantit en effet des fréquens incendies qui détruisent souvent des quartiers entiers.

Au reste, je suis tenté de croire que, chez les anciens Grecs comme chez les Turcs, les seuls édifices publics avoient le caractère de magnificence, et surtout de solidité, que nous remarquons jusque dans leurs ruines, et que les maisons des particuliers étoient construites légèrement, en pans de bois ou en minces cloisons de moellons fort aisés à démolir; en effet, lorsque les Thébains s'emparèrent de Platée (1), les habitans de la ville, ayant été surpris pendant la nuit, pour se concerter entre eux, sans être découverts en passant dans les rues, percèrent les murs mitoyens de leurs maisons, et eurent encore le temps de faire toutes leurs dispositions pour attaquer les Thébains le lendemain matin, et les chasser de la ville. On doit inférer de là que les habitations de Platée étoient construites comme celles de Constantinople, où l'on pourroit aisément employer le même moyen de communication et en aussi peu de temps, car les murs mitoyens ne sont guère plus épais que nos cloisons d'appartement.

Les anciens ne considéroient les maisons que comme un abri contre les intempéries des saisons, et surtout comme la demeure des femmes et des enfans; car les hommes vaquoient à la plupart de leurs travaux en plein air, et les exercices, les jeux, les représentations théâtrales se faisoient à découvert.

On doit juger de leur indifférence et du peu d'intérêt qu'ils attachoient au matériel des

---

(1) Thucydide, liv. II, §. III.

habitations, par la facilité avec laquelle ils les quittoient pour se retirer dans les villes dès que leurs ennemis tenoient la campagne. Lors de la première invasion des Péloponésiens dans l'Attique (1), les habitans des champs transportèrent à Athènes les femmes, les enfans, et tous les ustensiles de leurs maisons, dont ils enlevèrent jusqu'au bois de charpente, pour s'en servir à construire de nouvelles habitations dans l'enceinte de la ville ; ils s'établirent dans les endroits vagues, dans les temples, dans les monumens des héros, dans les tours des murs d'enceinte, et le long même de ces murailles, qui réunissoient la ville au Pyrée. Nous pourrions citer beaucoup d'autres exemples à l'appui de cette opinion. Au surplus, que ce soit par la force de l'habitude et par imitation des usages antiques que les Turcs construisent aussi légèrement, ou bien à cause du peu de sûreté qu'un gouvernement despotique accorde aux propriétaires, soit qu'on ait pour but de se mettre à l'abri des tremblemens de terre, peu redoutables néanmoins, puisque les mosquées, et surtout les minarets, n'en sont pas détruits, il est certain que la plupart des maisons turques, et même les palais, qui n'en diffèrent que par

---

(1) Thucydide, liv. II.

leur grandeur, sont construits de manière à ne durer que quelques lustres. Voici, en peu de mots, en quoi consiste cette bâtisse.

On élève les fondations, en pierres ou en moellons, à quelques pieds au-dessus du terrain; on étend ensuite horizontalement sur cette base des poutres qui se joignent par les bouts; on en implante d'autres verticalement aux angles et aux principales divisions des appartemens; les vides sont remplis par d'autres bois plus légers, dont on forme une cage revêtue d'un lattis, qu'on recouvre des deux côtés d'une couche de plâtre ou de torchis, et souvent de planches qui débordent l'une sur l'autre, et se recouvrent à la manière de nos ardoises.

On juge que cette manière de bâtir est peu coûteuse, mais aussi qu'elle est sujette à bien des inconvéniens, dont le plus grave est le danger du feu. Au reste, les propriétaires se consolent aisément de la perte d'une si mince propriété, à moins que la maison ne contienne des marchandises qu'on ne peut déplacer promptement, et même alors il est des moyens préservatifs.

Quant aux constructions plus solides, telles que les murs d'enceinte de la ville, les ponts, les aqueducs, etc., les Turcs ou plutôt les Grecs ont suivi le système de bâtisse de leurs ancêtres,

Murs de Constantinople.

# LETTRE XLIII.

§. V. *Sculptures peintes. — Tableaux. — Divers procédés de peinture.*

Les réflexions qui terminent notre dernière Lettre nous conduisent naturellement à parler de la peinture chez les Turcs. Cet art, ainsi que celui de la sculpture, est intimement lié à l'architecture; l'un et l'autre n'étant même guère employés ici que comme objet de décors dans les édifices.

La sculpture et la peinture, après avoir jeté en Grèce un éclat extraordinaire, et s'être élevées à la perfection, devoient, comme toutes les choses de ce monde, avoir leur temps de décadence. On ne s'attend pas sans doute que j'entre ici dans le détail des causes de cette funeste dépravation de l'esprit humain, qui toutes semblent dériver de la translation du siége de l'Empire à Byzance.

Valentinien fit de vains efforts pour soutenir les arts qui s'affoiblissoient dans la même proportion que la gloire de l'Empire. Il eut beau accorder aux peintres de grands priviléges, la décadence des arts du dessin devoit résulter nécessairement de la destruction des monumens du culte des païens. L'irruption des Barbares acheva ce qu'un zèle religieux poussé trop loin avoit commencé.

Théodose rendit, il est vrai, un moment l'abondance à la Grèce ravagée ; mais les semences des beaux arts une fois arrachées, ne se réparent pas aussi aisément que les fruits de la terre et les moissons.

La religion chrétienne, qui a rendu de si éminens services aux arts du dessin, à laquelle l'Italie doit le développement du génie extraordinaire des Michel-Ange et des Raphaël, et qui leur a fait produire des chefs-d'œuvre, a été aussi le prétexte, si ce n'est la cause indirecte, de la perte de la peinture et de la sculpture dans l'Orient. On connoît les scandaleuses argumentations qui eurent lieu à l'occasion du schisme des deux communions, et les funestes effets que produisirent l'arianisme, les nestoriens, enfin les iconoclastes.

En effet, dans le huitième siècle, il se répandit en même temps, et chez différens peuples, la manie de faire la guerre aux images : les Juifs commencèrent à les détruire partout où ils les rencontroient, et l'un d'eux ayant fait accroire au calife Yesid qu'il régneroit trente ans au milieu des délices et des plaisirs, s'il faisoit disparoître, dans toute l'étendue de son Empire, les images que les chrétiens honoroient, ce prince se hâta de rendre un édit à ce sujet ; il en résulta de grands troubles ; ils n'étoient rien néanmoins en comparaison de la persécution de l'empereur Léon, qui, se reprochant d'être moins zélé qu'un Sarrasin, pour la destruction de ce qu'il appeloit idolâtrie, se fit chef de l'hérésie qui donna naissance à la secte dévastatrice des iconoclastes.

On sait aussi que, lors du schisme des deux communions, les Grecs avoient proscrit l'usage des figures de relief dans leurs églises, et ils ne laissèrent subsister que les tableaux peints, ce qui porta un coup mortel à la sculpture, sans arrêter néanmoins la chute de la peinture.

C'est de cette époque que doit dater la décadence, et enfin la perte totale des arts du dessin, qui descendirent à un tel point de barbarie, que l'effigie des princes sur les monnoies n'offroit plus que des traits où l'on reconnoissoit à peine la figure humaine.

La loi des musulmans, qui proscrit toute image dans les temples, et même dans les maisons, n'étoit pas faite pour encourager les arts : aussi sont-ils restés en Orient dans un tel état de dégradation, qu'un peintre qui peut saisir la ressemblance assez fidèle des objets naturels, pour qu'on les reconnoisse, est considéré par les Turcs comme un très-habile homme.

On doit en être moins surpris lorsqu'on réfléchit que dans quelques grandes villes de France, pays où cependant les arts ne manquent pas de moyens ni d'encouragemens, on se connoît aussi peu en peinture qu'à Constantinople, et on préfère un bon ouvrier, je ne dirai pas à un mauvais peintre, ce qui seroit peu étonnant; mais on n'appréciera pas plus les chefs-d'œuvre des maîtres de notre école, que les mauvaises caricatures faites à la planche sur le papier de tenture.

Néanmoins, si l'art de la peinture est totalement oublié dans l'Orient, recherchons du moins si le métier de peindre ne nous offrira pas quelque objet d'utilité; nous avons déjà dit que les artistes employés à Constantinople étoient presque tous des étrangers; il est rare, en effet, de voir un Turc s'occuper d'un art libéral, si ce n'est de la musique qui est cultivée avec quelque succès par des individus de cette nation. Les peintres et les sculpteurs sont donc presque tous Grecs ou Francs; ils se soumettent au goût des Turcs dans leurs ouvrages, qui consistent particulièrement en objets d'ornement;

ces objets de sculpture et de peinture des modèles qui soient dignes de notre attention, et qui méritent d'être imités, au moins devons-nous étudier ce qui tient au mécanisme de l'art, c'est-à-dire au choix des matières colorantes, et à la manière de s'en servir.

En effet, j'ai remarqué avec surprise, que dans la Grèce, l'Asie mineure et à Constantinople, la peinture, quoique bien peu avancée du côté de la perfection de l'art, étoit supérieure à tout ce que j'avois vu ailleurs sous le rapport de la simplicité du procédé, et de la beauté du coloris; il falloit rechercher les causes de cette espèce de phénomène; voici les réflexions qu'il m'a suggérées.

A mesure que l'art s'est perfectionné quant à sa partie morale, si je puis m'exprimer ainsi, cela n'a été, peut-on croire, qu'au détriment de la partie physique ou manuelle. En effet, les premiers essais de peinture chez les Egyptiens, les Etrusques, les anciens Grecs (1), et même chez les peuples sauvages, se font remarquer par la vivacité et la belle conservation des cou-

---

(1) Quant aux Grecs, nous ne pouvons malheureusement faire que des conjectures sur leurs couleurs; rien ne nous en reste. Le vers de Properce, liv. I, El. II, où il compare les couleurs d'Apelle à une beauté des temps héroïques, fort simple dans sa mise : *Qualis Apellæis est color in tabulis*, semble prouver que le coloris de ce grand maître se distinguoit par la simplicité de ses moyens.

leurs ; et ce n'est qu'en voulant perfectionner le procédé qu'on a affoibli le coloris, et qu'on l'a rendu si peu solide.

J'éclaircis mon idée par un exemple : l'on sait que moins les couleurs sont mélangées, tourmentées et superposées dans un tableau, et plus il se conserve frais et brillant. On peut même considérer comme un mérite de peindre franchement et au premier coup ; c'est l'un des attributs du génie, et les créations, pour ainsi dire spontanées, ont aussi l'avantage de se conserver intactes.

Il est positif que, si l'on pouvoit se procurer cinq couleurs primitives parfaitement pures, transparentes et inaltérables, elles suffiroient pour obtenir toutes sortes de nuances; on se contenteroit même de quatre et de trois ; car du mélange du jaune, du rouge et du bleu résulte le noir le plus parfait ; et si l'objet sur lequel on peint est blanc, et qu'on n'emploie, comme à l'aquarelle, que des couleurs transparentes, la teinte du fond servira à éclaircir et à varier les autres.

On peut aussi poser en principe, et je n'entends parler ici que du matériel de l'art, que plus l'on se sert de couleurs diverses et composées d'élémens d'une nature opposée, et plus elles sont sujettes à changer. Qu'on mélange, en effet, sur la palette, et qu'on pose sur le tableau, les terres, les couleurs extraites des végétaux, des minéraux, et même des matières animales, il ne peut résulter de cette combinaison forcée, qu'un tout sans homogénéité ; bien plus, si, en peignant, on ajoute à ces mélanges des huiles grasses ou siccatives, de l'essence de térébenthine, des vernis, de la litharge, etc., tous ces élémens divers occasionnent une fermentation qui détériore les couleurs, et tend à les détruire.

La vivacité et la durée de celles qu'emploient les Orientaux, viennent en partie de leur peu de connoissance des finesses de l'art; ils s'attachent plus au brillant et à la crudité même des tons, qu'à la recherche des nuances délicates et variées. On doit donc attribuer les qualités matérielles de leurs peintures, 1°. au bon choix des matières colorantes, qui, dans ces brûlans climats, acquièrent, à ce qu'on croit, une aussi grande intensité de ton que ces fleurs dont la nature pare les jardins.

2°. A l'extrême simplicité du procédé pour les appliquer sur différens corps.

3°. A la sécheresse de l'atmosphère qui en conserve l'éclat; car c'est particulièrement l'humidité, ou son alternative avec la chaleur, qui décompose les matières colorantes.

Qu'on me permette ici d'entrer dans quelques détails sur les inconvéniens de la peinture à l'huile ; ces observations ne feront que mieux ressortir l'importance des procédés employés dans la Grèce moderne, qui me paroissent la continuation des procédés antiques.

Toutes les huiles dont les peintres font usage, ont une forte tendance à se combiner avec l'air vital : elles ne sèchent même qu'au moyen de cette absorption qui leur donne bientôt le caractère de résine, et une couleur obscure, comme la térébenthine qui, de blanche et transparente, arrive graduellement à l'état, et même au ton noir de la poix.

L'analyse chimique (1) fait voir que l'huile est un composé d'hydrogène et de carbone : par le contact de l'air atmosphérique de la lumière et du calorique, elle subit une insensible et lente combustion dont les résultats sont semblables à ceux d'une prompte et violente calcination. Par sa tendance à absorber l'oxigène, elle devient, je le répète, d'abord résineuse, et plus ou moins obscure, et se convertit enfin en un véritable charbon qui forme un voile sur

---

(1) Faite par M. Fabbroni, et dont je ne donne ici qu'un extrait. Voir sa dissertation intitulée : *Antichita, vantaggi e metodo della pittura encausta*, etc. 1800.

la peinture, rend les couleurs cassantes, et finit par les réduire en poudre.

D'après cette théorie, on voit que les restaurations faites sur des tableaux avec des huiles siccatives et nouvelles, ne peuvent long-temps conserver un ton semblable aux couleurs anciennes, puisqu'elles n'ont point encore passé par tous les degrés d'une lente décomposition. On hâte bien cet effet en cautérisant ces retouches ; mais la précaution est insuffisante, et risque de gâter le tableau.

Le procédé de le rafraîchir en oignant sa superficie avec une huile siccative, ou même avec une substance grasse, car on sait qu'en Italie et en Espagne, lors des grandes fêtes, on pousse la barbarie jusqu'à frotter les tableaux des églises avec de la graisse, pour leur donner plus de lustre (1) ; ce procédé, dis-je, remplit mal son objet, et fait un tort irrémédiable. En effet, cette huile animale, en séchant, perd de son volume, se resserre, déchire et fait craqueler la peinture, surtout si elle n'est pas ancienne; de plus, elle la couvre d'une nouvelle couche de résine.

On connoît aussi le mauvais effet du mélange de l'huile avec diverses matières colorantes, et

---

(1) Burtin, *Connoissance des Tableaux.*

même avec les oxides. Nous n'en donnerons qu'une preuve ; le jaune de chrome, qui est une couleur aussi solide que brillante, employée en détrempe, et qui résiste à la plupart des acides, et même à l'action d'un feu violent, noircit néanmoins quand elle est mêlée avec l'huile, et exposée à l'air et à la lumière.

Il est certain que les tableaux dans lesquels il entre le moins d'huile possible, sont ceux qui changent aussi le moins ; les peintures flamandes de la plus belle conservation sont exécutées sur une couche de blanc à la colle ; les tableaux vénitiens et lombards, peints sur une semblable impression ou à cru sur la toile, ont aussi beaucoup moins souffert que ceux où l'on remarque une épaisse croûte composée de mauvaises huiles, souvent mêlées de litharge qui, en les faisant sécher plus vite, en hâte la carbonisation.

Les toiles imprimées en blanc sont aussi préférables, quoiqu'elles jaunissent, à celles qui, d'abord rouges, passent bientôt au noir, absorbent les couleurs et les dévorent entièrement. Il est vrai qu'elles présentent un attrait au peintre, en lui offrant un fond sur lequel les clairs de ses figures se détachent parfaitement, et dont on se sert même dans les ombres, en les glaçant avec légèreté.

Ce procédé expéditif présente d'abord une transparence qui séduit : mais de quels funestes effets n'est-il pas la cause ! combien de tableaux de grands maîtres ne nous a-t-il pas fait perdre ! La plupart de ceux du Poussin sont plus ou moins gâtés par cette impression, et il en est d'entièrement détruits (1).

Nous pouvons en citer un exemple plus moderne : les vues des ports de mer de France par Vernet sont pour la plupart exécutées sur des toiles rouges. Qu'on les compare avec un tableau du même artiste, peint sur une impression blanche, et qu'on voit aussi dans la galerie du Luxembourg, le contraste est malheureusement trop frappant (2).

Les vernis, les secantes et le sel de saturne, qu'on emploie pour retoucher les tableaux, forment comme autant de lames de charbon,

―――――――――

(1) M. Vincent, membre de l'Institut, m'a fourni un exemple singulier du changement apporté dans la couleur d'un tableau du Calabrese de la galerie Stigliano à Naples. Cette composition, exécutée sur une impression rouge, offre le mauvais riche à table, pendant que le Lazare vient implorer son secours. L'un des bras du Lazare s'étend en avant, et se détache sur le fond d'une nappe blanche. Ce seul bras, garanti par la couche de blanc, a conservé son ton frais et brillant, tandis que l'impression rouge a dévoré le reste de la figure.

(2) Ce tableau, qui représente les divers travaux des ponts et chaussées, avoit été exécuté pour l'abbé Terray. Les ports de mer de Vernet sont maintenant au Musée royal.

qui brûlent les couleurs, en isolent les couches, les font noircir, fendre et tomber en écailles.

Il n'est pas besoin d'offrir un grand nombre d'exemples des changemens apportés dans le coloris même des tableaux modernes ; mais que l'on se rappelle le ton de couleur des fresques de Raphaël au Vatican, et qu'on les compare avec celui de deux figures allégoriques exécutées à l'huile sur le mur par ce grand peintre : elles étoient sans doute dans l'origine en harmonie avec les autres peintures ; maintenant elles sont d'une couleur beaucoup plus obscure que les fresques qui décorent le même appartement.

On a aussi précipité la décomposition des fresques, en les retouchant à l'huile (1). Il en résulte que les nouvelles couleurs ne se raccordent que pour un moment avec l'ancienne peinture qui est, comme on sait, d'une toute autre nature ; elles changent au point qu'il faut les retoucher de nouveau, c'est-à-dire étendre le mal, et communiquer enfin à tout le tableau les imperfections que l'on vouloit d'abord cacher.

On ne retouchoit autrefois les fresques qu'a-

---

(1) Suivant Requeno, vol. I, pag. 176. *Questo sangue velenoso* ( dit-il, en parlant de l'huile) *che circola per le vene delle nostre figure colorite e stato dal Gajo Corradi inventore del ritorco a ollio disgraziatamente communicato alle pitture a fresco.*

vec la détrempe au jaune d'œuf; et ces repeints, exécutés souvent par le maître lui-même, quoique moins solides que la fresque, se sont fort bien conservés dans les intérieurs : on pourroit rendre à ces peintures, qui se détruisent par l'action de l'air, une sorte de nouvelle vie, en leur donnant la qualité de la peinture antique, seule véritablement durable ; il ne s'agiroit pour cela que de retoucher ces tableaux au jaune d'œuf, et de les couvrir d'un vernis de cire : j'en ai fait l'expérience sur un tableau en détrempe, et les raccords n'ont point changé.

Dans l'espace de quelques siècles, nos fresques s'évaporent, s'écaillent, se détachent du mur; et notre admiration pour les chefs-d'œuvre du seizième siècle, ne sera bientôt plus alimentée que par les copies que la gravure nous en transmet; le climat chaud de l'Italie devroit cependant les préserver mieux que partout ailleurs : néanmoins nous voyons les célèbres loges du Vatican perdre journellement de leur éclat, et tomber en poussière.

Le chef-d'œuvre de Daniel de Volterre, qu'on voyoit à la Trinité-du-Mont, n'a pu résister pendant quelques années à l'action de l'air libre et aux injures du temps auxquelles il venoit d'être exposé par la chute de la voûte qui l'en garantissoit (1).

Le fameux cloître de l'Annonciade à Florence, peint par André del Sarte, et surtout la Madone del Sacco, n'existeront bientôt plus, quoique ces fresques soient à couvert, et l'on retrouve à peine quelque trace des ornemens qu'on peignoit autrefois à l'extérieur des palais de plusieurs villes d'Italie.

Cependant les peintures antiques d'Herculanum et de Pompeï existent après un laps de deux mille ans; et, du temps de Pline, on voyoit avec surprise celles de l'antique Ardée; exécutées depuis plus de huit siècles; et, sans doute, elles excitèrent encore l'admiration long-temps après lui; enfin, l'on en a découvert en Egypte qu'on croit d'une bien plus grande ancienneté.

Que sont nos tableaux à l'huile, et même à fresque quant à la durée, en comparaison de ceux de l'Egypte, de la Grèce et de l'Italie? Et n'est-ce point un devoir à tout amateur de peinture de favoriser la recherche de moyens tendans à la conservation des produits de ce bel art?

---

(1) Par un procédé ingénieux, M. Palmaroly vient d'enlever cette peinture du mur, et l'a transportée sur la toile.

Leur détérioration peut être attribuée à différentes causes : outre les vices inhérens au procédé, il en est d'autres qui tiennent à des circonstances fortuites et indépendantes de tous les soins et de l'industrie des artistes; car, parmi plusieurs tableaux du même maître, il en est qui se sont conservés intacts, et d'autres qui se sont détruits en peu de temps. J'en ai déjà signalé plusieurs raisons; mais la moins équivoque me paroît être le peu d'intérêt que nous mettons à ce qui a rapport au matériel de l'art. En effet, nous confions à des mains étrangères le soin de préparer nos toiles, nos panneaux, nos couleurs et nos vernis : aussi nous fournit-on souvent des substances colorantes, communes et sans solidité, des huiles mal purgées, et des vernis où il entre moins de véritable mastic en larmes, que d'oliban, de colophane, ou d'autres résines peu coûteuses, et qui perdent bientôt leur transparence (1).

Ce n'étoit point ainsi qu'en usoient les Flamands et les Vénitiens; ils possédoient des connoissances chimiques dans cette partie; ils faisoient purifier et broyer sous leurs yeux les couleurs qu'ils tiroient à grands frais des deux Indes. Ils distilloient enfin leurs huiles, et composoient eux-mêmes leurs vernis.

---

(1) De Burtin, *Connoissance des Tableaux*, vol. I, pag. 440.

Que l'on ne s'étonne donc plus si leurs peintures se sont si bien conservées : cet effet doit être attribué à ce qu'ils avoient reconnu long-temps avant nous, que l'huile étoit le ferment le plus dangereux pour les couleurs ; aussi l'emploient-ils avec une extrême circonspection, et souvent il n'en entroit pas, comme nous l'avons déjà observé, dans l'impression de leurs toiles.

Les arts chimiques qui se sont portés vers tant d'autres perfectionnemens curieux et utiles, ne pourroient-ils pas désormais s'occuper avec plus de suite du matériel de la peinture ; car ce n'est que le concours de l'art et de la science, qui donneroit enfin aux productions des peintres la qualité si essentielle, et qu'on cherche en vain depuis si long-temps, une beauté inaltérable.

En attendant voyons si nous trouverons chez les Orientaux quelques traces qui nous mettent sur la voie des procédés antérieurs à la découverte de la peinture à l'huile, et qui lui sont bien certainement supérieurs quant à la conservation des couleurs.

Il faudroit, je le répète, chercher à donner à notre peinture perfectionnée les qualités primitives de l'enfance de l'art, c'est-à-dire choisir avec soin nos couleurs, employer un procédé plus simple, en évitant tout excipient dangereux qui les fasse changer; enfin, les préserver de l'humidité, ou les mettre à l'abri des variations subites de l'atmosphère.

C'est surtout des procédés antiques dont il falloit s'occuper : pour cela je me suis informé à Constantinople, et dans tous les lieux où j'ai eu la facilité de voir opérer les Grecs et les Turcs, de l'explication de leurs procédés. Il en résulte deux manières bien distinctes : la détrempe au jaune d'œuf pour les intérieurs, c'est-à-dire le procédé employé par les artistes italiens et allemands, lors de la renaissance, et, pour les extérieurs, le même procédé, et quelquefois la peinture à l'huile, mais recouverte d'une essence ou huile volatile.

C'est ainsi qu'a été peinte, m'a-t-on dit, la fontaine de Top-Hané, bâtie sur le port de Constantinople en 1733 : elle est chargée d'ornemens sculptés sur marbre, qui représentent des vases de fleurs, de fruits et d'autres ornemens avec leurs tons naturels ou dorés. J'ai eu lieu de croire d'abord que l'on a fait usage des couleurs à l'huile siccative, et qu'elles ont été, ainsi que les dorures, couvertes d'huile d'aspic ou de lavande, pour les garantir de l'air humide et salin de la mer. Mais l'expérience m'a prouvé que cette huile employée seule auroit été insuffisante pour garantir la peinture et la dorure des impressions de l'air, puisqu'elle est très-volatile, si l'on n'y avoit ajouté une légère quantité de cire; et elle se convertit alors en un vernis très-solide, quoique fort transparent.

Il n'est pas étonnant que l'antique usage de la cire dans la peinture, se soit perpétué dans la Grèce moderne, et l'encaustique même (1) reparoît partiellement, soit dans les vernis, soit dans l'usage du réchaud au onzième, au treizième, au quatorzième siècle, et même plus tard. Requeno (2) est aussi persuadé qu'on a employé la cire dans les tableaux jusqu'au quatorzième siècle, et ce n'est que l'adoption de la peinture à l'huile siccative, qui a éloigné ou fait perdre la véritable encaustique; au reste nous pourrions citer même, depuis cette époque, des artistes qui ont mêlé la cire avec les matières colorantes, et les tableaux exécutés par ce procédé se sont bien conservés. Enfin, les couleurs employées au décor de la fontaine de Top-Hané, qui sont d'un si grand éclat, se conserveront intactes encore fort long-temps, puisqu'il existe aussi à Constantinople une foule d'autres monumens plus anciens, tels que des fontaines, des façades entières de maisons, et

---

(1) M. Emeric David (*Disc. hist. sur la Peinture moderne*).
(2) Ier vol., pag. 213.

surtout des tombeaux qui, bien qu'exposés à toutes les injures de l'air, n'ont point perdu l'éclat de leur enluminure (1).

Quant à l'intérieur des maisons décorées en stuc, il est également orné de peintures et de dorures d'une extrême fraîcheur, et recouvertes, m'a-t-on dit, d'un vernis de cire qui est très-brillant.

Dans le reste de la Grèce et en Asie mineure, j'ai remarqué les mêmes procédés, mais sans pouvoir faire des recherches plus étendues, qui auroient exigé la connoissance de la langue et la libre fréquentation des artistes de ce pays, d'ailleurs peu communicatifs.

J'attendois, pour m'instruire, quelque circonstance favorable, telle que l'érection d'un palais, ou de quelque autre édifice ; mais mon départ précipité me laissa le regret de n'avoir pu me satisfaire à cet égard.

En revenant de Constantinople, et sur le point de quitter la Grèce pour toujours, favorisé enfin par le hasard, je fis, dans l'île de Zanthe, la connoissance d'un prêtre grec (2),

---

(1) Cela nous rappelle que Pausanias vit, avant d'entrer à Tritia, un tombeau de marbre blanc, remarquable par les peintures de Nicias, exécutées à l'encaustique.

(2) C'est par anticipation que je parle ici de cet artiste que je ferai mieux connoître dans la Lettre écrite de Zanthe.

qui avoit étudié la peinture à Venise, et connoissoit d'ailleurs, relativement à cet art, tous les procédés en usage dans son propre pays. Je crus avoir trouvé l'occasion tardive, mais précieuse, d'acquérir de nouvelles connoissances, et de savoir si en effet les Orientaux employoient encore, pour faire des tableaux médiocres, les mêmes couleurs et les mêmes procédés que les Nicias et les Parrhasius avoient fait servir d'interprètes à leur génie, et de monumens à leur gloire. C'est la confirmation de cette idée et la révélation de leurs pratiques que je désirois obtenir ; et la rencontre du peintre Zanthiote fit renaître mes espérances sans les couronner cependant d'un succès complet.

Je vis dans son atelier des tableaux peints à l'huile, et d'autres qui paroissoient être des détrempes vernies, quoique plus vigoureuses et mieux fondues que ne le sont communément ces sortes de peintures ; lui en ayant fait l'observation, il refusa de s'expliquer, et je ne parvins que par supercherie à lui arracher une partie de son secret ; l'ayant surpris pendant qu'il exécutoit un tableau par ce procédé, il ne put m'en dissimuler les détails.

Il peignoit sur une toile de coton, blanche, fine et extrêmement serrée, et qu'il entretenoit continuellement mouillée ; ses couleurs délayées au jaune d'œuf pouvoient s'empâter et se fondre au moyen de l'humidité de la toile, et ne perdoient rien de leur vigueur. Le tableau fini et sec reprenoit le ton de la gouache ; mais, pour rendre aux teintes leur première transparence, il passoit derrière la toile une couche de cire fondue ; il m'avoua que cette manière de peindre étoit très-ancienne, qu'il la préféroit à la peinture à l'huile pour les tableaux d'une médiocre dimension, et surtout pour les portraits ; elle étoit d'ailleurs, me dit-il, d'une exécution aussi facile, et son plus grand avantage étoit une conservation parfaite ; mais, quant au vernis dont il couvroit ses tableaux, il résista à toutes les instances que je lui fis pour en savoir la composition, et je ne pus lui en arracher le secret.

Il étoit donc nécessaire de faire avec soin et à loisir l'expérience de ce procédé qui est véritablement antique, aussi bien qu'une foule d'autres usages que les Grecs modernes ont conservé de l'héritage de leurs ancêtres ; mais, avant de m'assurer de ses avantages, je voulus essayer tous les procédés connus d'encaustique, et demeurai convaincu de leurs graves inconvéniens ; m'attachant alors au procédé grec, les résultats furent plus satisfaisans.

J'exécutai en 1800 un tableau sur taffetas sans huile ni impression : il fut verni ensuite, et offrit aux artistes l'aspect d'un tableau peint par le procédé ordinaire (1). La seule différence qu'il y eut dans cette methode avec la détrempe, c'est qu'elle présentoit l'avantage d'éviter les défauts de cette peinture, ceux de sécher trop promptement, et de pâlir en séchant.

Pour arrêter la dessiccation tout le temps nécessaire pour fondre les couleurs, et terminer le tableau à frais, ce qu'on ne pouvoit obtenir qu'en entretenant l'humidité première des couleurs, j'y suis parvenu en doublant le taffetas avec une étoffe blanche, mais épaisse, qu'on mouilloit de temps en temps par derrière avec une éponge.

Quant au changement que les teintes auroient éprouvé en séchant, je l'ai évité par le vernis appliqué sur le tableau; mais il falloit pour cela que les couleurs ne fussent pas délayées à l'eau pure: le vernis les auroit brouillées et confondues, la gomme auroit eu le désagrément de les faire écailler; j'ai donc employé, à l'imitation du peintre grec, le jaune d'œuf dis-

---

(1) Je présentai, en 1800, à M. Chaptal, pour lors ministre de l'intérieur, un tableau qui, pour la vigueur et la transparence du ton, rivalisoit avec la peinture à l'huile, au point qu'un artiste célèbre (M. Vien) y fut trompé. Je joignis à ce tableau un Mémoire dans lequel je communiquois la série de mes expériences. (*Lettres sur la Morée*, etc. II<sup>e</sup> Partie, pag. 136, première édition).

sous avec parties égales d'eau et de vinaigre, ce qui a rendu la couleur maniable au couteau et au pinceau, absolument comme à l'huile, et a permis de fondre, retoucher et glacer même les parties qui l'exigeoient. Pour rendre ensuite la peinture inattaquable du côté de la toile, j'ai aussi appliqué une couche de cire fondue, de manière que la couleur, se trouvant renfermée entre cette couche et le vernis, ne pût être atteinte par l'humidité.

Depuis, ayant observé que les tableaux exécutés par ce procédé, brunissoient et jaunissoient sensiblement, j'en attribuai d'abord la cause à la cire, et ensuite, avec plus de raison, au vernis qui étoit en effet le seul coupable.

Je tentai donc de peindre au jaune d'œuf toujours à frais; et, pour donner du brillant à cette peinture, j'essayai plusieurs vernis, cherchant toujours celui que les Grecs emploient, et qui est si beau et si durable. Ecartant les résines et les huiles dont on connoît l'inconvénient, je me rejetai sur les gommes ou les colles. Croyant l'avoir trouvé dans la colle de poisson, qui, dissoute dans l'eau chaude, offre une liqueur extrêmement blanche et transparente, j'en fis l'essai d'abord avec un succès complet en apparence; mais, peu de temps après, ce vernis perdit sa lucidité, et devint d'un jaune très-foncé. Il eut même le désavantage d'acquérir une telle adhérence avec la peinture, qu'il fut presque impossible de l'en détacher.

Enfin, me rappelant ce que j'avois entendu dire des peintures de la fontaine de Top-Hané (dans lesquelles, au reste, je doute qu'il soit entré de l'huile siccative, vu leur parfaite conservation), j'essayai de dissoudre la cire vierge dans une huile volatile, telle que l'essence de lavande, l'huile d'aspic ou de térébenthine : j'obtins par ce moyen un vernis transparent qui garantit la superficie de la peinture de toutes les impressions de l'air, et qui, au moyen du frottement d'une brosse ou d'une étoffe de laine, devenoit aussi brillant que les autres vernis dont il n'avoit aucun des inconvéniens. Cette dernière expérience m'a paru remplir toutes les conditions, et m'a semblé devoir offrir la rénovation du procédé antique perpétué dans le Levant, et dont les peintures de l'artiste Zanthiote m'avoient donné la clef en m'offrant le précepte et l'exemple.

Cependant le procédé employé par le peintre grec, quelque favorable qu'il me parût, présentant, dans la manière d'opérer, des différences qu'on pourroit taxer de difficultés, on m'a fait observer qu'en proposant d'abandonner l'ancienne manière, il ne falloit pas en offrir une absolument nouvelle dans la manutention; qu'elle devoit être non seulement meilleure, mais aussi facile que l'ancienne, qu'il ne s'agissoit pas enfin de détruire, mais de perfectionner la manière habituelle d'opérer, de respecter même les habitudes, tout en aplanissant d'anciennes et presque insurmontables difficultés; car on réussit mieux en flattant les goûts des hommes, qu'en leur prêchant la réforme. En un mot, pour que ce procédé eût quelque succès, on exigeoit que ses élémens fussent extrêmement simples: tel a été le but des nombreuses expériences dont je me suis long-temps occupé, et qui est encore l'objet de mes recherches (1).

---

(1) Les premiers résultats de ce procédé, dans lequel j'ai allié l'huile à la cire, ont été soumis aux artistes et aux savans les plus distingués, et consignés dans un Mémoire lu à l'Institut, classe des Beaux-Arts, et sur lequel il a été fait un rapport inséré par extraits dans *le Moniteur* du 22 juin 1815. Je ne me hâte point de publier ce Mémoire, n'ayant pas encore terminé la série de mes expériences, dont le temps seul peut prouver le succès.

# LETTRE XLIV.

§. VI. *Sculpture.* — *Peinture d'incrustation, ou au cestrum.*

La sculpture, proprement dite, se borne, chez les Turcs, à quelques ornemens travaillés avec délicatesse, et qui entrent dans la construction de leurs édifices. Les chapiteaux, les bases des colonnes, pour lesquels ils ne s'astreignent à aucune règle des ordres, sont absolument de fantaisie : il existe néanmoins une sorte d'ordre, qu'on pourroit nommer turc, et dont il nous a été impossible de nous procurer le type primitif.

Ce couronnement de certaines colonnes offre, dans son galbe, à peu près les dimensions du chapiteau corinthien, quant à la hauteur et à l'évasement; mais il s'élève, pour l'ordinaire, sur un plan polygone, et se termine dans le haut par un carré beaucoup plus grand. Ses ornemens offrent une agglomération de prismes, de cubes et de pyramides renversées; et ces figures, qui sont très-multipliées et à plusieurs rangs, doivent être fort difficiles à tailler régulièrement, comme leur réunion le seroit à dessiner avec exactitude; nous avons essayé de nous en rendre compte, sans avoir pu y réussir.

Quelques autres chapiteaux, tels que ceux du tombeau qu'on voit près de l'Echelle du Visir, ainsi que ceux de la bibliothèque publique d'Abdul Hamid et de celle du visir Raghib, ont un rapport moins éloigné avec les ordres grecs, et on reconnoît, dans les uns, l'intention des volutes de l'ordre corinthien, et dans les autres l'ove du dorique (1).

Je ne parle ici que des marbres taillés, mais on sculpte encore le plâtre ou le stuc en dessins découpés à jour, avec une délicatesse extrême. Le bois se travaille aussi avec beaucoup de soin, soit pour en faire des meubles, soit pour l'entailler; et y tracer en creux des dessins très-compliqués qu'on doit remplir avec d'autres bois ou des cires colorées.

Ce dernier procédé, dont j'ai parlé à l'occasion des caïques turques, et qui, je n'en doute pas, est une dérivation d'un usage antique, mérite de nous arrêter un moment.

---

(1) On peut voir des exemples de ces divers chapiteaux dans les ouvrages de Chardin, de Mouradja d'Osson, et de Melling; mais aucun de ces voyageurs n'a donné la figure exacte du chapiteau turc dont nous parlons.

Voici en quoi il consiste : on trace sur les bords extérieurs, et parfois intérieurs, de la caïque des fleurs, des feuillages ou des méandres, et autres dessins courans; puis on entaille assez profondément le bois avec des outils tranchans, et en suivant les limites du trait. On remplit ensuite ces vides, de différentes formes, avec des cires ou des résines, diversément colorées; et, au moyen de cette espèce de *scagliola* (1), on représente toute sortes d'entrelacs arabesques. La matière colorante dont ils sont composés, étant incorporée à la cire, et leur incrustation qui permet de la mettre assez épaisse sans pour cela qu'elle dépasse la superficie du bois, rendent cette peinture inattaquable à l'action de l'air, de l'eau, du frottement; c'est en frottant même souvent les parois de la caïque, qu'on les entretient aussi propres et aussi brillantes que nos meubles les plus précieux.

Cet usage devoit être connu des anciens; on

---

(1) On pourroit même croire que cet usage turc a donné aux Italiens la première idée de la *scagliola*. J'ai parlé de cet art moderne et peu connu, dans une notice sur le Vallombrosa, insérée dans les *Lettres sur l'Italie*, vol. III, pag. 336. On voit dans ce couvent les premiers essais de *scagliola*, faits par Dom. Enrico Hugford, religieux de ce couvent, et mort en 1771. Cet art a pour but d'imiter la mosaïque, ou plutôt de copier un tableau au moyen de pâtes d'une sorte de stuc coloré, dont le rapprochement est susceptible de former un corps solide comme le marbre, et propre à recevoir le même poli.

sait qu'ils exécutoient beaucoup d'ouvrages en cires colorées, et les historiens se plaignent même qu'à Rome cet art, ou plutôt ce métier, étoit infiniment plus lucratif que la sculpture, et même la statuaire, auxquelles il faisoit beaucoup de tort.

D'ailleurs, les Grecs et les Romains, connoissant l'art de l'incrustation, comme on le voit par leurs mosaïques en pierres dures et en émaux colorés, et même celui de la damasquinure, témoin la porte principale de Saint-Paul, hors des murs de Rome, ornée de figures gravées en creux dans le bronze, et damasquinées en argent, ouvrage exécuté (1) à Constantinople, dans le onzième siècle.

Les anciens remplissoient aussi parfois les mêmes sillons, tracés sur l'argent ou d'autres métaux, avec une composition noire nommée *nigellum*, dont les Italiens ont fait les mots *niello* et *niellare* (2), opération qui est devenue, sous une main intelligente, l'origine de la gravure en taille-douce.

Il est donc probable que les Romains, et surtout les Grecs du Bas-Empire, employoient la cire en incrustation pour orner leurs meubles;

---

(1) Suivant Dagincourt, *Hist. de l'Art, Sculpt.*, Pl. XIII.
(2) Voir Vasari, *Introd.*, et Baldinucci, *Vocab.*

faits de matières peu durables, ils ne se sont pas conservés jusqu'à nos jours : nous ne pouvons donc juger que par induction de cette branche de leur industrie, qui devoit avoir beaucoup de rapport avec celle des Turcs; elle m'a paru d'autant plus remarquable, qu'on peut la considérer comme la rénovation de cet usage antique, qui peut même nous mettre sur la trace d'un autre procédé bien plus important, et qu'on a cherché vainement à expliquer; je veux parler de la peinture au *cestrum*, indiquée par Pline avec sa brièveté ordinaire, lorsqu'il s'agit des procédés applicables aux arts (1).

Cet auteur, à l'occasion de la peinture, nous apprend qu'il y avoit deux manières très-anciennes de peindre à l'encaustique, qui se pratiquoient avec la cire et sur l'ivoire avec le *cestrum*, ou plutôt avec le *viriculum*, jusqu'à ce qu'on connût l'art de peindre les vaisseaux, troisième manière dans laquelle on opéroit avec des cires fondues, qu'on appliquoit au pinceau. L'une de ces opérations s'exécutoit donc sur la cire, et l'autre sur l'ivoire.

---

(1) *Encausto pingendi duo fuisse antiquitùs genera constat, cerâ et in ebore cestro, id est viriculo; donec classes pingi cœpére. Hoc tertium accessit resolutis igni ceris penicillo utendi; quæ pictura in navibus nec sole, nec sale ventisque corrumpitur.* Pline, liv. XXXV, chap. 11.

Pour la seconde pratique on se servoit d'un outil appelé *cestrum*, qu'on pourroit rendre par le mot burin. Quant au *viriculum*, seroit-ce le touret, le trépan, ou même la vrille ou vilebrequin, instrumens que les anciens connoissoient sans doute, et dont nous ferons sentir l'utilité dans le second des procédés encaustiques cités par notre auteur.

Parlons d'abord du premier, c'est-à-dire de la peinture encaustique sur cire, qu'on devoit aussi exécuter avec le cestrum, ou tout au moins avec le style, puisque le pinceau n'étoit point encore en usage.

Le style ou poinçon dont les anciens se servoient pour écrire sur des tablettes couvertes d'une couche de cire, étoit terminé en pointe d'un côté, et de l'autre en forme de spatule, pour effacer les sillons tracés sur la cire, et lorsqu'on vouloit faire des corrections. Les mêmes tablettes dont on faisoit usage pour écrire, durent servir à tracer des dessins, d'abord au trait, puis ombrés avec des hachures, comme le *sgraffito* des Italiens (1); enfin, nuancés, comme la *tarzia* moderne (2), ou, bien mieux, imitant la *scagliala*, dans laquelle on se sert d'une table de stuc blanc, qu'on en-

―――――――――――――――――――

(1 et 2) Voir Baldinucci et Vasari, *loc. cit.*

taille suivant le dessin convenu, pour y insérer de la pâte du même stuc coloré, qui, séchant dans les vides préparés, s'incorpore si bien avec la matière de la table, qu'elle fait l'effet d'une peinture appliquée sur le fond.

Or, supposons qu'au lieu d'une table de stuc on étende, soit sur le mur, ou sur telle autre superficie plane, une couche de cire d'une certaine épaisseur ; qu'on trace un dessin sur cette planimétrie, au moyen d'un calque ou d'un poncis, comme on le fait pour la fresque ; qu'on creuse ensuite les traits de ce dessin avec le cestrum ou burin, et prenant avec l'extrémité plate de cet instrument de la cire colorée et ramollie, qu'on l'insère dans ces sillons, en l'unissant avec la spatule, pour ôter le superflu de cette cire colorée et la mettre au niveau de la superficie du tableau, il en résultera un dessin au trait, imitant une gravure ordinaire.

Supposons ensuite qu'au lieu d'une seule couleur on en emploie plusieurs, et qu'enfin on imite les diverses nuances de l'objet qu'on veut représenter, il est aisé à comprendre que, par le rapprochement de ces diverses cires colorées, posées successivement à côté l'une de l'autre, comme les cubes de la mosaïque, on obtiendra un tableau, imitant la *scagliola* et la mosaïque, préférable même à ces deux genres d'incrustation, car, après avoir poli cette peinture, on peut la ramollir au moyen du feu, et fondre les diverses dégradations de nuances l'une dans l'autre, ce qu'il seroit impossible de faire au moyen des deux autres procédés.

Lorsque les anciens peignoient au cestrum avec plusieurs couleurs, la spatule devoit leur servir à les tirer du godet qui les contenoit toutes préparées (1).

Pour opérer le mélange de ces diverses couleurs, et en faire des nuances composées, on pouvoit employer une espèce de palette légèrement chauffée, et l'extrémité plate, du style (qu'on supposera flexible, comme notre couteau à couleurs), auroit servi à former les teintes dont on avoit besoin, si toutefois ces couleurs n'étoient pas entretenues liquides, au moyen du feu, dans les godets mêmes. C'est au moins ce qu'on suppose, d'après la description faite par Pline du tableau de Phyliscus, représentant l'atelier d'un peintre, où l'on voyoit un enfant qui souffloit le feu (2). Cette manutention sembleroit devoir être fort longue et très-difficile ; cependant Sénèque parle de la grande célérité avec laquelle le peintre, faisant un portrait,

---

(1) *Pictores loculatas habent arculas in quibus discolores sunt ceræ.* Varron.

(2) Liv. XXV, chap. xi.

passoit de la cire au tableau, et du tableau à la cire.

Quant au second procédé d'encaustique, qui se pratiquoit sur l'ivoire, l'ingénieux comte de Caylus, qu'on pourroit nommer le rénovateur des autres procédés de cet art antique, dit en avoir abandonné la recherche, et il avoue avec franchise qu'il n'a pu y rien concevoir. L'abbé Requeno (1) ne nous semble pas avoir réussi, dans l'explication qu'il en donne, aussi bien qu'il l'a fait dans quelques autres spéculations savantes. Voyons si nous pourrons nous flatter d'être plus heureux.

Le procédé employé par les Turcs m'a mis sur la voie, et il est étonnant qu'il n'ait pas rendu le même service à M. de Caylus, qui, ayant fait le voyage de Constantinople, devoit y avoir porté l'esprit d'observation qui le distinguoit si éminemment. Quoi qu'il en soit, il me semble qu'il y a beaucoup d'analogie entre le procédé antique d'incrustation sur ivoire, et celui qu'on emploie encore dans le Levant. Il y auroit même identité, si les Turcs, au lieu du bois, exécutoient cette opération sur ivoire; la même similitude existeroit encore, si les anciens

---

(1) Requeno, *Saggi sul ristabilimento del antica arte de Greci et Romani pittori.*

ne se bornoient pas à l'emploi de cette matière précieuse : c'est ce que nous allons examiner dans un moment.

D'abord, il est clair que Pline, en faisant une distinction entre le procédé de peindre sur cire et d'employer la cire pour peindre sur ivoire, donne à entendre qu'on n'avoit pas l'intention de recouvrir en entier cette matière d'une couche de cire. Par là on auroit perdu l'avantage de faire montre de l'ivoire, très-recherchée pour tous les objets de décor et de sculpture, et qu'on mettoit en parallèle avec l'or, l'argent et les matières les plus rares.

Dans ce cas, si l'on vouloit peindre sur ivoire, ce ne pouvoit être que des sujets ayant cette matière pour fond, et qui n'étoient pas dans le cas d'en dérober entièrement l'aspect, mais de l'orner.

Il ne falloit pas non plus que les couleurs fussent simplement posées à sa superficie ; le poli de l'ivoire auroit empêché la cire d'y adhérer assez fortement : il falloit donc creuser, avec le cestrum, des sillons pour y introduire cette cire colorée ; et, si cet instrument n'étoit pas suffisant pour entailler cette matière, on avoit recours au viriculum ou touret. Peut-être aussi n'employoit-on que le cestrum pour former des traits ; mais lorsqu'on avoit des espaces plus larges à évider pour les remplir de cire, tels qu'une feuille de laurier, par exemple, que l'on vouloit détacher tout entière en vert sur le fond d'ivoire, alors, après avoir fait le contour au burin, on employoit le touret pour user le reste de l'ivoire inscrit par le trait, et on remplissoit ensuite le vide avec la cire colorée, qu'on unissoit avec la spatule, pour qu'elle fût à fleur du champ.

Nous trouverons la preuve de l'application de ce procédé antique dans un rond d'ivoire qu'on voit dans le cabinet de la bibliothèque du Vatican, et sur lequel on remarque la figure d'une Muse peinte suivant cette méthode : il reste encore dans les sillons quelques vestiges et quelques traits de cire colorée (1).

Dans les tableaux d'une forte proportion, et pour lesquels on ne pouvoit point se procurer d'assez grands morceaux d'ivoire, on devoit se servir de tables de bois précieux, d'une teinte claire et d'un grain fin et égal.

En effet, Pline cite une femme qui travailloit dans ce genre, et qui vivoit dans la jeunesse de Marcus Varron (2). « Lala de Cyzique, dit-il, peignit à Rome au pinceau, et avec le cestre

---

(1) Je dois ce renseignement précieux au célèbre Visconti.
(2) Pline, liv. XXXV, chap. 11.

sur l'ivoire, principalement des portraits de femmes ; et à Naples, elle exécuta ( sans doute par le même procédé ) le portrait d'une vieille femme sur une grande planche. »

Dans ces portraits sur l'ivoire, nous pouvons reconnoître ces *imagunculæ* et *plangunculæ*, dont parle Cicéron dans les Lettres à Atticus, comme de portraits de dames romaines, tels qu'on en avoit trouvé plusieurs dans les équipages de quelques jeunes gens.

Le traducteur de Cicéron (1) a fait, de ces *imagunculæ*, des petites poupées de cire, qui représentoient les personnes au naturel, et dont on se servoit dans les enchantemens.

Mais il nous semble plus probable que c'étoit des portraits faits au cestre sur ivoire, qui devoient être en effet beaucoup plus portatifs, et moins sujets à être gâtés, que des poupées de cire en relief. Enfin, on retrouve, selon toute apparence, cette peinture au cestrum, exécutée en grand sur le bois, dans celles que les Turcs emploient à l'ornement de leurs caïques et de leurs meubles ; et l'analogie nous paroît assez frappante, pour qu'il ne soit pas nécessaire de nous appesantir davantage sur ce sujet.

---

(1) L'abbé Mongault.

# LETTRE XLV.

§. VII. *Plastique, poterie et* majolica, *ou faïence turque.*

Nous pouvons aussi ranger au nombre des produits des arts du dessin, comme ils l'étoient autrefois, les vases peints et sculptés, et autres objets plus petits, en terre cuite, que la délicatesse et le soin avec lesquels ils sont ornés, rendent très-précieux.

Les Turcs possèdent plusieurs genres de poteries, avec et sans vernis, ou couverte, qui ont beaucoup de rapport avec les vases des anciens. Indépendamment de l'analogie de la matière, les couleurs et les formes sont à peu près semblables; parfois elles sont très-élégantes, et on y retrouve jusqu'aux mêmes dessins d'ornemens.

On a long-temps cherché la matière première des vases grecs, dits étrusques. On a admiré la finesse, la légèreté de la pâte et le vernis, ou plutôt le poli, qui les distinguent. C'est, croyons-nous, dans le pays où ils ont été inventés qu'on peut en retrouver la fabrication.

On voit, en effet, dans tout le Levant, des petits vases, et surtout des fourneaux de pipes, d'une terre rouge ou jaunâtre, dans laquelle on reconnoît les anciennes propriétés de la plastique. On les enjolive également de dessins variés et de couleurs diverses, qui semblent incrustés dans la pâte qui a la même finesse et aussi peu de pesanteur. Ils offrent, surtout, cette belle couleur noire dont la teinte métallique contraste avec celle de la terre cuite, et qu'on n'a pu encore imiter ailleurs.

On peut donc considérer les noyaux de pipes, et autres petits vases de ce genre, comme un reste de l'industrie grecque concernant la poterie; nous ajouterons même que les détails d'exécution sont bien supérieurs à la plupart des ouvrages grecs et étrusques. Je n'entends parler ici néanmoins que de la partie mécanique; car les Grecs ont épuisé l'art de la forme comme dessin, le galbe de leurs vases étant toujours d'une parfaite élégance, depuis la forme la plus simple jusqu'à celle qui est la plus chargée d'ornemens.

On croiroit, d'abord, qu'il doit être fort aisé d'inventer en ce genre, et cependant tous les artistes modernes qui s'y sont exercés sont restés bien au-dessous des anciens. C'est ainsi que les règles invariables des proportions architectoniques des Grecs n'ont jamais pu être surpassées par les innovations des Romains et des autres peuples, qui se sont consumés à cet égard en efforts superflus et impuissans.

On jugera sans peine que les Turcs ne doivent pas égaler les anciens dans la composition des modèles de leurs vases ; mais on se tromperoit cependant si l'on croyoit qu'ils n'imaginent en ce genre que des formes extravagantes et fantasques. Celles qu'ils donnent à leurs fourneaux de pipes, et aux petits plateaux qui leur servent de pieds, sont souvent d'un bon goût et parfaitement adaptées à l'usage auquel ils font servir ces petits ustensiles.

On remarquera, en outre, que les dessins arabesques qui ornent les terres cuites, sont d'une netteté et d'une régularité parfaites. Au lieu de poser les retouches blanches au pinceau, et avec une couleur superficielle, qui s'écaille et s'enlève facilement, comme on le voit dans les vases étrusques, ce blanc est incrusté d'une manière aussi solide qu'elle est délicate : ils se servent à cet effet, pendant que la pâte est molle, d'un emporte-pièce qui découpe ces dessins en creux, et ils remplissent le vide avec une couleur qui reste d'un blanc très-pur après la cuisson.

Je ne connois pas d'exemple de vases grecs

de terre cuite, enrichis d'ornemens en or ; ceux des Turcs le sont, et cette dorure, qui est très-durable, puisqu'elle résiste au feu continuel allumé dans ces fourneaux de pipes, est peut-être préférable à celle de la porcelaine, cette dernière n'étant posée que lorsque la matière est cuite : d'ailleurs, elle ne s'incorpore pas aussi facilement dans le biscuit que dans la pâte de la terre cuite, qui est moins serrée et plus poreuse.

On exécute aussi de ces ouvrages en noir et bronzés, qui sont fort jolis ; enfin, leur grande diversité annonce une foule de procédés tous différens, et qui feroient honneur au peuple le plus industrieux. Je regrette bien de n'avoir pas été à même de suivre cette fabrication, et de ne pouvoir la faire connoître en détail ; elle seroit aussi curieuse à observer que beaucoup de nos inventions.

En regardant avec attention les vases étrusques, on distingue dans quelques uns un trait léger, fait avec un outil tranchant, pour calquer le dessin et arrêter exactement les contours des figures qui devoient se détacher en rouge sur un fond noir, ou *vice versâ*. Cette manière de calquer, ou peut-être d'estamper, surtout les ornemens courans, est aussi en usage pour les fourneaux de pipes ; mais je n'ai point vu sur ces ouvrages la couverte qu'on croit reconnoître dans les vases grecs.

Je pense que le poli extrême de la poterie turque est dû au frottement du brunissoir, et à la finesse de la matière, et, si on la casse, on ne retrouve pas à sa superficie la plus mince couche de matière vitrifiée. Ce procédé est donc plus parfait que celui des Grecs, puisque cette couverte, qui est une espèce de vernis d'émail, étoit sujette à se fendiller et à s'écailler comme dans nos faïences.

Au reste, il n'est pas étonnant que les Turcs aient obtenu quelques perfectionnemens; ils sont dus à leur longue patience, à des soins assidus et à l'adresse de la main, bien plus qu'à l'action d'un génie inventif. On leur voit faire cependant de petites merveilles de délicatesse et de fini, et ils portent ce genre de perfection dans presque tous leurs arts mécaniques, à un degré qui nous a souvent surpris.

Nous pouvons citer, sans trop nous écarter de notre sujet, la manière dont ils travaillent l'ambre jaune, l'ivoire, le cristal, dont ils garnissent l'extrémité de leurs pipes, et même les jolis bois dont ils forment le corps de ces tuyaux. Ils se servent particulièrement de celui de jasmin, qu'ils teignent d'une couleur noire, aussi brillante que l'ébène Ces tubes sont droits et lisses, ou à nœuds, et renflés de distance en distance, avec beaucoup de régularité. Ils en font aussi avec un bois blanc, qu'ils impregnent de différentes couleurs, dont la transparence laisse voir les veines du bois, et ils recouvrent cette teinture d'un vernis mince, éclatant et très-solide.

La broderie est encore un art dans lequel les Turcs excellent, et leurs babouches et bottines imitent assez bien les brodequins antiques : on n'y retrouve pas, il est vrai, le grand goût de dessin des anciens pour les ornemens ; mais ils ont autant de délicatesse, et peut-être plus de fini et de richesse. Ces broderies sont formées en fil d'or ou d'argent, dont les points extrêmement rapprochés sont d'une régularité parfaite et d'un grand relief. Ils savent aussi mêler des paillettes, incruster des pierres précieuses de couleur et des perles dans ces broderies ; et les selles de chevaux du sultan sont, dans ce genre, des chefs-d'œuvre de patience, d'adresse et de magnificence ; aucun de nos ouvriers, je crois, ne pourroit atteindre à la même perfection de travail.

Mais revenons aux ouvrages de plastique, qui sont plus particulièrement l'objet de cette Lettre. Cet art nous offre une application dans laquelle les Orientaux se sont rendus fort habiles, ou tout au moins dont ils ont perpétué l'usage, déjà répandu chez les Grecs du Bas-Empire. C'est la *majolica*, ou peinture sur faïence, qu'on a considérée en Italie comme une invention moderne due à un artiste célèbre, qui en a fait à la vérité des applications aussi variées qu'ingénieuses (1).

Néanmoins cet art étoit connu bien longtemps avant, sous les Empereurs grecs, et ses produits, répandus dans tout l'Orient, ont contribué à orner les palais des califes et des premiers sultans avant la prise de Constantinople.

En effet, les kiosques, les bains, les mosquées et les tombeaux qu'ils ont fait construire en Asie mineure, dans l'ancienne capitale de l'Empire ottoman, sont presque tous décorés, et avec profusion, de carreaux de *majolica*, ou faïence peinte et vernissée. A l'exception des figures humaines, proscrites par le Coran, cette faïence offre la représentation d'objets dont l'imitation exacte exige tout le talent que les Italiens n'ont poussé plus loin que dans la partie du dessin, sans atteindre peut-être à la même vivacité de couleurs.

La mosquée située près du mausolée de

---

(1) Je me suis beaucoup étendu sur l'origine et les progrès de cet art, dans les *Lettres sur l'Italie*, vol. II.

Mohamed I, et bâtie par ce sultan à Brousse, sa capitale, est l'une des plus belles que l'on connoisse. « En entrant dans ce temple, dit
» un voyageur (1), et en passant dessous le
» chœur, qui est occupé par la loge destinée
» pour le sultan, on est agréablement surpris
» par le relief clair-obscur de la faïence dont
» les murs, qui rétrécissent l'entrée, sont re-
» vêtus. Cette mosaïque, de porcelaine de Perse,
» représente deux grands rideaux verts, avec
» un bouquet de fleurs au milieu. La mosquée
» est composée de trois grandes rotondes, dont
» une forme la nef, et les deux autres les ailes.
» Jusqu'à une certaine hauteur, les murs sont
» tous revêtus de faïence, sur laquelle brillent
» des inscriptions du Coran, émaillées en
» blanc. »

On voit que, dans le quatorzième siècle, les Orientaux possédoient un art dont on a fait si long-temps un secret dans l'Occident. Dès cette époque, et peut-être bien antérieurement, la Perse avoit des manufactures de faïence, que Chardin compare à la porcelaine de la Chine. « Elle a, dit-il, le grain tout aussi fin,
» et est aussi transparente ; ce qui fait que sou-

---

(1) M. J. de Hammer, *Relation d'une excursion de Constantinople à Brousse*, traduite de l'allemand, insérée dans les *Nouvelles Anuales des Voyages*, tom. V, 2<sup>e</sup> partie.

» vent on est si fort trompé à cette porcelaine,
» qu'on ne sauroit discerner celle de la Chine
» d'avec celle de Perse, et même que cette der-
» nière surpasse quelquefois, tant le vernis en
» est beau et vif. Aussi les Persans sont-ils très-
» vains de leur talent dans cette partie, et s'en
» font-ils un grand mérite. On conte, à ce
» sujet, que les potiers de la ville de Yezde,
» dans la Caramanie, envoyèrent un jour aux
» potiers d'Ispahan, comme par défi, un vase
» de porcelaine qui tenoit douze livres d'eau, et
» ne pesoit qu'un gros. Les potiers d'Ispahan
» leur renvoyèrent un vase de même grandeur
» et même figure, qui ne tenoit qu'un gros d'eau,
» et pesoit douze livres. »

Une qualité fort essentielle, et que nous devrions bien imiter, c'est que la porcelaine de Perse résiste au feu; on en fait même des marmites, et elle est si dure qu'on en fabrique jusqu'à des mortiers pour broyer, et des moules à balles.

« Les potiers persans réussissent particuliè-
» rement, dit aussi le même voyageur, à fabri-
» quer des carreaux d'émail peints et *taillés de*
» *moresques*. A la vérité il ne se peut rien voir
» de plus vif et de plus éclatant en cette sorte
» d'ouvrage, ni d'un dessin plus égal et plus
» fini. »

Chardin entend-il par taillés de moresques

des dessins en relief revêtus ensuite de couleurs? Ce seroit encore un trait de ressemblance avec les vases fabriqués bien plus tard en Italie, dans les manufactures d'Urbin, de Gubbio et de Faënza.

## LETTRE XLVI.

§. VIII. Arts mécaniques des Orientaux. — Moulins à eau. — Moulins à vent. — Machine à puiser l'eau.

La Grèce et les autres contrées du Levant ont été si souvent visitées et décrites, que nous devrions avoir une connoissance parfaite de ce pays. Les antiquaires ont enrichi l'histoire des découvertes de monumens anciens, d'inscriptions et de médailles. Les géographes ont recueilli des notions statistiques, fixé le gisement des côtes et l'emplacement des villes anciennes et modernes. D'autres voyageurs ont décrit les productions de ce climat et les mœurs, coutumes et cérémonies de ses habitans. Cependant toutes ces relations, quelquefois mensongères ou contradictoires, et qui ont souvent pour objet une vaine curiosité plus qu'une utilité réelle, laissent encore beaucoup à désirer. Il est surtout remarquable qu'on ait dédaigné de parler de l'industrie des Orientaux. De la hauteur où sont nos arts, nous jetons un coup-d'œil de pitié sur les ouvrages des Grecs modernes, des Arméniens, et surtout des Turcs, et nous oublions que des artistes de Constantinople ont transmis à nos ancêtres le flambeau des arts ; nous oublions que c'est à nos relations avec le Levant que nous sommes redevables de la plupart de nos arts mécaniques, et nous feignons d'ignorer que, même en ce moment, malgré nos lumières et le perfectionnement de notre industrie, il est plusieurs procédés relatifs aux arts, et qui nous manquent, tandis que les Orientaux les possèdent de temps immémorial.

Je pourrois citer nos efforts infructueux pour imiter ces légers tissus, fruits de l'adresse et de la patience de l'indolent Indien, auquel nous n'avons même pu surprendre le secret des inimitables couleurs de ses teintures. La trempe des lames de Damas et la préparation des maroquins de Barbarie sont encore une énigme pour nous. La perfection des broderies turques en relief d'or et d'argent, enrichies de pierreries, surpasse tous nos essais en ce genre. Les couleurs brillantes des peintures et les vernis des Orientaux résistent bien mieux que les nôtres aux injures de l'air. Enfin, je pourrois rappeler une foule d'autres procédés, dont les voyageurs ont admiré les résultats sans en approfondir ni en décrire les principes.

J'ai déjà parlé de la plupart de ces objets ; il

ne me reste qu'à jeter un coup-d'œil sur l'origine de quelques machines appropriées aux usages de la vie.

En Grèce on retrouve à chaque pas la tradition des pratiques antiques, particulièrement dans les arts mécaniques. Il est bon d'observer que la plupart des machines dont on se sert dans ce pays, sont d'une simplicité qui, bien loin de marquer l'enfance de l'art, semble au contraire ne pouvoir être que le résultat de la réflexion, aidée d'une longue expérience.

Si l'on entend par mécanique l'art d'augmenter les effets en simplifiant les causes, on pourroit croire que les anciens l'entendoient mieux que nous, surtout si l'on en juge d'après les entreprises gigantesques qu'ils ont exécutées avec des machines qu'on peut appeler primitives ou élémentaires, et dont les nôtres ne sont que la complication. Il paroît même qu'ils ne cherchoient pas à faire des découvertes dans ce genre, et qu'ils se bornoient aux applications d'un usage habituel ; et quand ils avoient un obstacle à vaincre, leur génie leur fournissoit sans peine les moyens nécessaires pour le surmonter ; mais ils n'alloient point au-delà, et regardoient ces vaines recherches comme des jeux d'enfans.

Les plus célèbres mécaniciens de l'antiquité attachoient si peu d'importance à ces découvertes, qu'Archimède lui-même dédaigna d'en parler dans ses ouvrages (1), et que Cicéron, quoiqu'il ait mis assez d'empressement à découvrir le tombeau de cet homme illustre, confondant sans doute le géomètre avec le mécanicien, semble le considérer, avec Polybe, comme un simple ouvrier, et non comme un homme d'un génie élevé, et capable des connoissances les plus sublimes.

Ce qui confirmeroit encore que les anciens considéroient la mécanique comme un métier, c'est que leurs historiens et leurs poëtes surtout n'en paroissent nullement occupés. Nous devons en conclure que les moyens leur coûtoient trop peu pour leur paroître dignes d'être relevés; car ils ont exalté les merveilles des arts, et particulièrement des monumens d'architecture, sans dire un mot des difficultés de leur construction. Cependant les pierres énormes qu'ils y ont fait entrer, et les obélisques qu'ils ont érigés, devoient exercer leur industrie. Qu'étoient même ces masses en comparaison du colosse de Rhodes, et même de celui

---

(1) Archimède ne voulut rien laisser après lui touchant la structure des différentes machines qu'il avoit employées contre l'armée navale des Romains, tâchant plutôt à effacer de la mémoire des hommes, qu'il eût jamais abandonné des spéculations toutes divines pour se mettre au rang des artisans, et travailler de la main. ( Plutarque, *Vie de Marcellus.* )

qu'Adrien fit transporter debout? Les historiens n'ayant pas parlé de la peine qu'on a eue à mettre en place ces poids énormes, ce silence me paroît une des plus fortes preuves de la simplicité de leurs moyens; ils dédaignoient d'en parler : c'est tout dire.

Les modernes n'ont pas été si modestes, ou plutôt ils ont fait preuve d'ignorance en vantant outre mesure les prétendus tours de force qu'ils ont faits en ce genre (1).

Quoi qu'il en soit, on bénira cet art s'il n'est appliqué qu'au soulagement de l'humanité, en évitant à l'homme des travaux forcés qui détruisent sa santé, ses forces, et abrègent son existence, et si toutefois il ne borne pas son industrie en nuisant au développement de ses facultés intellectuelles.

Les anciens n'appliquoient pas la mécanique, comme nous le faisons, à la plupart des opérations usuelles; ils n'avoient point honte d'un travail manuel, et ils exécutoient, sans le secours des machines, des ouvrages aussi parfaits que les nôtres, si même ils ne les surpassoient. Alors les filles des rois s'occupoient des travaux de leur sexe au milieu de leurs compagnes; elles

---

(1) *Voyez* l'ouvrage de Fontana, sur l'obélisque que Sixte V fit relever dans Rome, et la Planche gravée par Leclerc, pour célébrer la pose des pierres du fronton du Louvre.

fabriquoient, comme le font encore les femmes de l'Inde, ces étoffes précieuses par la finesse extraordinaire de leur tissu, par leur transparence, et qui n'en étoient pas moins susceptibles d'être enrichies de broderies (1).

Nous sommes, il est vrai, parvenus à imiter, quoique imparfaitement, ces mêmes étoffes et une foule d'autres tissus au moyen de nos machines ; mais laissons au moins nos femmes de campagne tourner le fuseau chargé de coton ou de lin, tout en gardant les troupeaux; et que l'hiver, rassemblées autour du foyer, elles emploient leurs longues soirées à cette occupation, qui ne les empêche pas de se livrer à la joie.

Nous avons dit que le besoin seul étoit le véhicule des anciens dans l'invention des machines. En effet, celle des moulins à moudre le grain ne remonte qu'au siècle d'Auguste. Avant cette époque on s'étoit contenté de moulins à bras, semblables à ceux qu'on voit encore en Sicile (2), et qui ne sont que de simples instrumens de ménage. Ces moulins étoient portatifs, occupoient le moins de place possible, et devoient fournir à peu de frais assez de farine pour nourrir une famille. On pouvoit

---

(1) J'ai déjà parlé de ces tissus, qu'on peut comparer en effet aux mousselines des Indes.
(2) *Voyage pittoresque de Sicile*, par M. Houel.

même employer à ce travail jusques aux enfans, et, dans la maison des riches, l'on en chargeoit les esclaves. Il étoit donc alors inutile d'établir des machines plus compliquées, et dont la construction auroit été beaucoup plus coûteuse que ne le comportoit la fortune des particuliers, moins fastueux et plus sobres qu'on ne se les représente.

Mais lorsque le luxe s'introduisit à Rome, et que les besoins augmentèrent en proportion des richesses de quelques individus, tandis que le peuple s'appauvrissoit d'autant, les Grands, dont l'ambition étoit de gouverner, imaginèrent, pour conquérir l'opinion publique, de donner des fêtes magnifiques, accompagnées de distributions de vivres et de pain.

C'est alors qu'on fut forcé d'avoir recours à des entrepreneurs pour fournir à ces immenses distributions. Ces hommes avides, étant dans l'obligation de payer un grand nombre d'esclaves, employoient des moyens criminels pour s'en procurer.

L'empereur Théodose, dans un voyage qu'il fit à Rome en 389, s'appliqua à corriger les vices de l'administration, et réprima par une loi les désordres qui alloient toujours en croissant. On avoit bâti depuis long-temps de vastes édifices où l'on faisoit le pain qu'on distribuoit au peuple. Ce travail étoit attaché à certaines familles à titre de servitude. C'étoit aussi la punition des moindres crimes que d'être condamné à tourner la meule, car alors on écrasoit encore le grain à force de bras.

Comme le nombre des travailleurs diminuoit journellement, les entrepreneurs, pour y suppléer, eurent recours à un expédient criminel et barbare. Ils établirent à côté de leurs boulangeries des cabarets, où des femmes perdues attiroient les passans : on y avoit ménagé des trappes qui communiquoient à de profonds souterrains où les moulins étoient placés. Les malheureux qui s'engageoient dans ce lieu de débauche, tombant dans ces cachots ténébreux, y étoient détenus et condamnés à tourner la meule toute leur vie, sans espérance de revoir le jour. Cette cruelle supercherie, ignorée de tout autre que de ceux qui la pratiquoient, s'exerçoit depuis plusieurs années, et quantité de personnes, et surtout d'étrangers, avoient ainsi disparu.

Enfin, un soldat de Théodose, ayant donné dans le piége, et se voyant environné de ces spectres hideux, se jeta sur eux le poignard à la main, en tua plusieurs, et força les autres à le laisser sortir. L'empereur, en étant informé, punit sévèrement les entrepreneurs, détruisit ces repaires de brigands; et, afin de ne pas laisser manquer le service public, il fit un règlement pour y attacher un nombre suffisant de travailleurs.

Ce fait sembleroit prouver qu'on ne connoissoit pas encore les moulins à eau et à vent, et que ce n'est que plus tard qu'on s'avisa de faire servir la mécanique à l'usage de ces usines; et il suffisoit en effet qu'on y songeât pour y étendre les moyens d'application de la roue à engrenage, déjà trouvée et appliquée à d'autres machines (1).

Cependant l'invention des moulins à eau seroit bien antérieure à ce temps, si l'on en croit l'épigramme suivante (2), qui en célèbre et en fixe l'époque d'une manière précise : « Femmes
» occupées à moudre le blé, cessez de fatiguer
» vos bras; vous pouvez dormir à votre aise,
» et laisser chanter les oiseaux dont la voix an-
» nonce le retour de l'aurore. Cérès ordonne
» aux naïades de faire ce que faisoient vos
» mains : elles obéissent; elles s'élancent jus-
» qu'au haut d'une roue, et font tourner un
» essieu; l'essieu, par le moyen des rayons qui
» l'entourent, fait tourner avec violence la pe-

---

(1) Vitruve et d'autres auteurs de ce temps en parlent.
(2) *Anthologie manuscrite de la Bibliothèque du Roi*, et *Mémoires de l'Académie des Inscriptions*.

» santeur des meules creuses qu'il entraîne.
» Nous voilà revenus à la vie heureuse de nos
» premiers pères, et à recueillir sans peine les
» fruits des travaux de Cérès. »

D'après cette épigramme d'Antipater de Sidon, qui vivoit du temps d'Auguste, et selon Vitruve son contemporain, dont la description qu'il fait de ces moulins peut servir de commentaire à l'épigramme grecque, il paroîtroit certain que les moulins à eau étoient pour lors en usage ; cependant Strabon (1) ne parle d'une machine semblable, à l'occasion de la ville des Cabires, et du palais de Mithridate, que comme d'une singularité très-remarquable.

Quoi qu'il en soit, il n'est pas douteux que les moulins qu'on voit encore dans l'Asie mineure et dans toute la Grèce, ne soient la copie des moulins antiques, et par cela seul il est intéressant de les faire connoître. D'ailleurs, il est probable que ces mêmes usines nous ont été transmises par la fréquentation que nous avons eue avec ces pays.

On a cru aussi que leur établissement chez nous ne remontoit qu'au temps des croisades, et qu'auparavant nous ne connoissions pas les moulins à eau, les moulins à vent, les puits à roue, etc.

---

(1) Liv. XII.

Cependant les moulins à eau étoient connus plus anciennement, car on voit, par l'ouvrage de Palladius, sur l'agriculture (l. I, c. 42), que de son temps, au quatrième ou cinquième siècle, les moulins à eau, *molæ aquariæ*, étoient d'un usage commun en Italie. Alors, comment une invention si utile ne seroit-elle point passée dans les Gaules, policées par les Romains, et dont la civilisation et les usages étoient calqués, pour ainsi dire, sur le modèle de l'Italie?

Il n'en est pas moins curieux de voir d'où l'on est parti, ce que nous devons aux peuples orientaux, et ce que nous avons ajouté à leurs inventions. Notre gloire se réduiroit peut-être à bien peu de chose, si on la dépouilloit de ses emprunts. Je donne ici le dessin de deux sortes de moulins que j'ai levés à Lampsaki; ils sont d'une telle simplicité, que l'inspection seule de ces dessins doit suffire pour en faire comprendre le mécanisme; et ils m'ont paru remplir à peu de frais le même objet que des machines beaucoup plus compliquées.

Ce mécanisme, dans le premier moulin (*Pl. XLIX*), ne consiste qu'en une roue horizontale, divisée en rayons creusés de manière à recevoir et à opposer le plus de résistance possible à l'eau. L'axe en fer de cette roue tra-

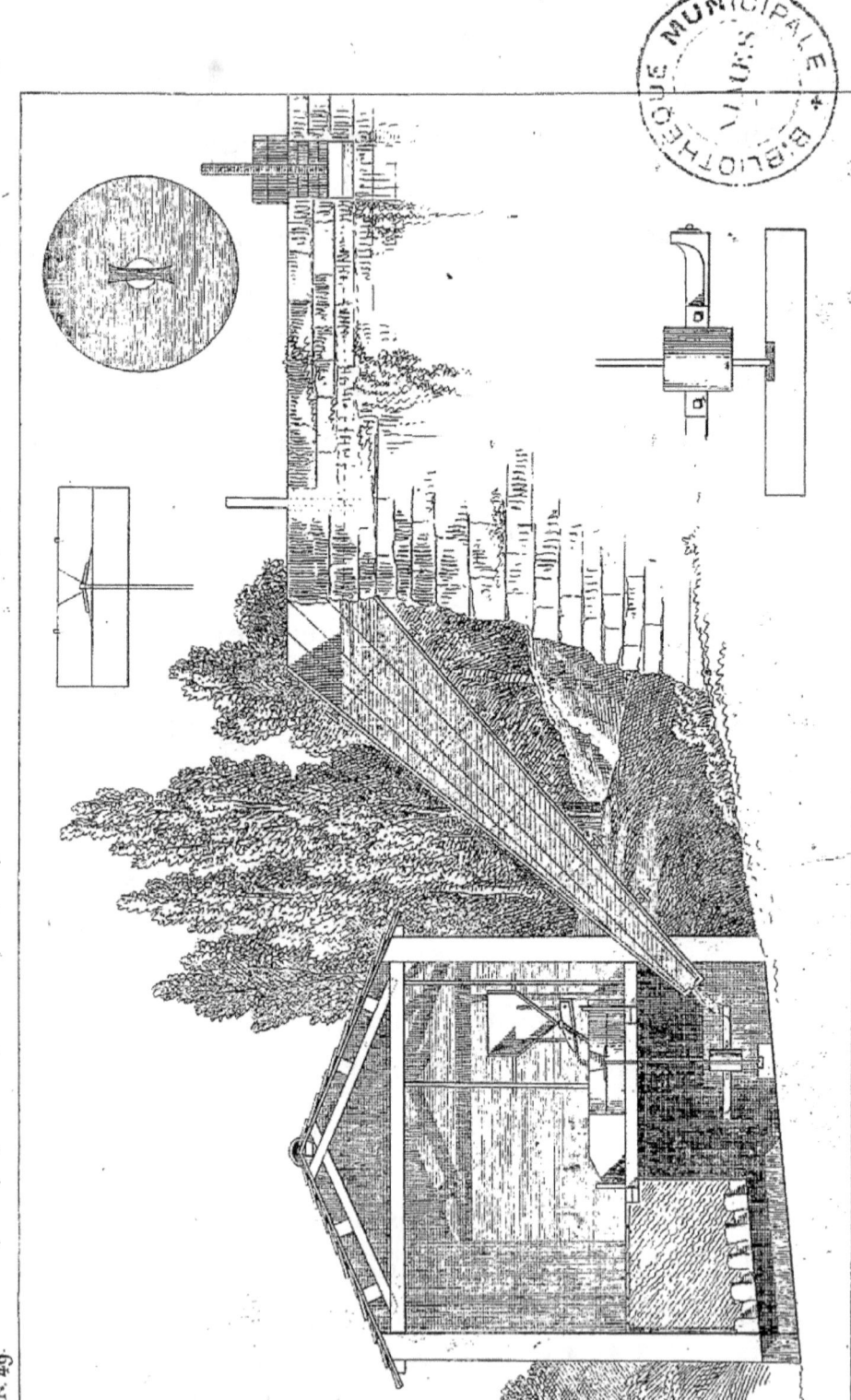

Moulin à eau de Lampsaque.

verse la meule inférieure, et se fixe, au moyen du tenon en forme de hache, dont parle Vitruve, au centre de la meule supérieure qu'il met en mouvement (1). Jusque-là il n'y a rien de fort ingénieux dans ce mécanisme ; mais ce qui paroît l'être davantage, c'est d'avoir profité, non seulement avec intelligence, du peu d'eau dont on peut disposer, mais encore d'en avoir doublé l'action.

Si l'on avoit eu de l'eau en abondance et dans tous les temps, sa chute seule auroit suffi pour faire mouvoir une roue verticale comme celle de nos moulins : mais il s'agissoit d'obvier à sa rareté dans de certains temps, et de se débarrasser sans peine de sa trop grande affluence à d'autres époques. A cet effet le canal est construit de manière à ne contenir que la portion d'eau strictement nécessaire. Le trop plein se déverse avant d'arriver à son extrémité, au moyen des vannes indiquées dans mon dessin. C'est à cette extrémité du canal qu'on a adapté une longue caisse en forme de pyramide renversée ; qui est formée de planches épaisses, assemblées et retenues par de fortes traverses. Les joints

---

(1) Ce fer, que les Latins appellent *subscus*, est nommé *cothb* par les Arabes ; ils ont aussi donné ce nom aux pôles du Monde, et se figurent que les sphères des cieux tournent sur eux et à l'entour d'eux, comme sur des pivots, etc. ( D'Herbelot, au mot *Cothb*.)

sont garnis d'étoupes et goudronnés, suivant l'expression de Vitruve, comme les navires. Cette caisse embrasse la largeur du canal : son autre bout, qui pénètre dans le mur du moulin, se rétrécit beaucoup, et n'a qu'une fort petite ouverture, dirigée vers les rayons de la roue horizontale. L'eau se précipite dans ce réservoir, qui lui offre un plan incliné d'à peu près quarante-cinq degrés ; et, ne pouvant s'échapper que par cette étroite ouverture, on peut juger de la violence avec laquelle elle en sort. En effet, la cumulation du poids de l'eau, augmentée par la hauteur de sa chute, jointe à son volume, qui se trouve doublé en quelque sorte par le rétrécissement des parois du canal, doit donner une très-forte impulsion au jet qui s'échappe de cette sorte d'entonnoir, son action se portant tout entière sur les rayons qu'elle prend en flanc, et qui sont disposés et creusés de manière à le recevoir directement ; ce jet, dis-je, doit faire tourner la roue avec une rapidité suffisante, et peut-être même plus grande que celle produite par une complication de rouages.

Il est superflu d'expliquer plus en détail le mécanisme de ce moulin ; le dessin peut y suppléer. Il suffit aussi d'en indiquer les avantages : il en résulte économie d'eau, économie de main-d'œuvre et de matériaux, et par conséquent une plus grande facilité de construction ; ce qui met cette machine à la portée de la classe pauvre des cultivateurs, dont les propriétés sont éloignées des villes. Elle peut aussi être utile aux petites communes, pour lesquelles l'établissement de nos moulins à eau est un objet trop dispendieux. D'ailleurs, ces derniers ont besoin d'un courant très-rapide pour être mis en mouvement, tandis que celui que je viens de décrire n'emploie en quelque sorte qu'un filet d'eau.

Nous avons vu une autre usine où l'on a suivi le même système de force motrice et le même mécanisme, à quelques modifications près. Au premier coup d'œil elles paroissent peu avantageuses, et n'en remplissent pas moins l'objet des constructeurs.

Le canal ou aqueduc y est élevé à plusieurs pieds au-dessus du niveau de la roue ; mais le conduit dans lequel l'eau tombe, au lieu de représenter une pyramide renversée et posée diagonalement, offre un cône tronqué et vertical. L'eau y entre par le rétrécissement du sommet ; et, après avoir rempli l'ampleur de la base, s'en échappe par un tuyau percé horizontalement, et qui se trouve de niveau avec la roue.

De plus, au lieu de perdre, comme dans le

précédent moulin, la surabondance ou la crue des eaux, on l'a rendue utile en divisant le courant de manière à faire tourner les roues de deux moulins jumeaux, et accolés l'un à l'autre. A cet effet l'aqueduc s'élargit à son extrémité, qui est divisée en deux parties égales par une cloison en planches épaisses; ce qui forme deux canaux parallèles, garnis de leurs vannes, et qui aboutissent aux deux cônes où l'eau, se précipitant en même temps, fait agir le double mécanisme.

Enfin, le moulin que j'ai figuré (*Pl. L*), a encore plus de rapport avec ceux décrits par Vitruve. On y voit la roue dentelée qui s'engrène dans une lanterne, à laquelle est fixé l'axe des meules. On y remarque aussi, à la surface de la meule supérieure, des aspérités ou de petits morceaux de fer saillans, et qui, en tournant, rencontrent une baguette qui part de la trémie, et lui communique un léger mouvement d'oscillation presque continuel, qui tend à en faire sortir le grain qu'elle contient.

Le reste du mécanisme, dont la simplicité est remarquable, n'offre d'autre particularité que dans la manière dont on place le cheval qui le fait mouvoir; il n'est pas attaché, comme on le voit ordinairement, à l'extrémité d'un levier plus ou moins long, et qui passe à côté

Pl 56.

Moulin à Lampsaki.

Moulins à vent Grecs.

ou par-dessus l'appareil des meules ; mais, étant engagé entre les rayons de la grande roue dentelée, il la met en mouvement en tournant avec elle.

Cette bizarre invention ne paroît avoir d'autre avantage que de restreindre l'espace occupé par le mécanisme, et je ne la fais connoître que pour prouver que les habitans dégénérés de l'ancienne Grèce ont non seulement conservé leurs traditions, mais encore qu'ils ne se bornent pas à l'imitation servile, et que l'esprit de combinaison n'est pas totalement éteint chez eux.

Il n'est pas hors de propos de parler aussi des moulins à vent, qui sont fort en usage dans ces contrées (1), et qui diffèrent des nôtres sous plusieurs rapports. (*Pl. LI*).

L'époque de l'invention de ces moulins, doit être à peu près la même que celle des moulins à eau, et nous n'avons connu les uns et les autres qu'assez tard, peut-être même du temps des croisades. Jusqu'alors on se servoit en France de moulins à bras, et la menace ordi-

---

(1) M. d'Ansse de Villoison, dans ses observations sur la Grèce, prétend qu'il n'y a point de moulins à vent dans ce pays. Nous ne pouvons concevoir que cet observateur, très-habile d'ailleurs, n'en ait aperçu aucun ; car les côtes du canal des Dardanelles et des îles de l'Archipel en sont hérissées.

naire chez les anciens, d'envoyer quelqu'un au moulin, *ad pistrinum*, étoit aussi commune du temps de nos rois de la première race. Nous voyons que Septiminie, nourrice du prince fils de Childebert, ayant été convaincue de plusieurs crimes, fut condamnée à une peine infamante, et reléguée ensuite dans un village pour y tourner la meule du moulin qui servoit pour le pain des dames de la maison royale. Cependant, à cette époque, les moulins à vent étoient connus dans tout l'Orient. Vers l'an 650, Omar I$^{er}$, second khalife des musulmans, fut assassiné par un esclave nommé *Firouz*, qui savoit plusieurs métiers, et qu'il vouloit employer à construire des moulins à vent pour moudre le blé des greniers publics de Bagdad.

Il est probable que les moulins que nous avons vus sur la côte d'Asie, ont conservé leur ancienne forme, qui, au premier coup d'œil, paroît très-compliquée : néanmoins le plus léger souffle de vent suffit pour les mettre en mouvement. Ils tournent avec plus de rapidité que les nôtres, et peuvent être manœuvrés avec bien plus de facilité.

* Ce sont des tourelles élevées sur un soubassement circulaire, et construites en pierres ; elles sont couronnées d'un toit en charpente, qui est mobile, et peut aisément tourner sur

son axe au moyen du prolongement de l'arbre auquel sont attachées les ailes, et qui forme levier. Les ailes ou volans, plus petits que les nôtres, sont au nombre de huit ou dix; ils sont garnis de bandes de toile triangulaires, et attachés l'un à l'autre par des cordes pour empêcher l'écartement, et leur faire garder leur distance proportionnelle. De chacun des volans partent d'autres cordages qui se réunissent à l'extrémité du mât qui saille en dehors, d'une quantité à peu près égale à la longueur des volans. Ces mêmes cordes, dont les bouts sont ramenés le long du mât jusque dans l'intérieur du moulin, servent à hisser les toiles comme autant de petites voiles, et à les tendre fortement. Si on les lâche, ces voiles retombent; et, n'opposant plus de résistance au vent, le mécanisme s'arrête. Quant à l'ajustement des rouages de l'intérieur, il nous a paru différer fort peu de celui de nos moulins. Au reste, nous ne sommes pas à même de juger si les changemens que nous avons apportés à leur construction, présentent de grands avantages : ce qu'il y a de certain, c'est que ceux du Levant remplissent l'objet de leur destination tout aussi bien que les nôtres.

Nous allons faire connoître, avec plus de détail, une machine à puiser l'eau, que nous avons remarquée aux environs de Constantinople, et plus tard dans le jardin du bey de Coron; elle est en usage dans tout le Levant, et mérite d'autant plus d'attention qu'elle est inconnue dans notre patrie; étant d'ailleurs infiniment plus simple que toutes celles du même genre que nous employons, la connoissance exacte que nous allons donner de sa construction peut avoir plus d'une application utile (1).

Nous avons déjà dit que nous avions emprunté des peuples orientaux la plupart de nos machines hydrauliques : les moulins à eau, les puits à roue ont été, dit-on, apportés de l'Egypte et de l'Asie mineure par les Croisés, qui nous ont appris à les faire servir à l'art de l'irrigation des terres, et ont fixé par ce moyen la fertilité dans nos provinces méridionales de la France, que la chaleur dévorante et presque continuelle du soleil auroit rendues incultes sans ce secours ; ces mêmes machines, modi-

---

(1) J'avois donné la vue perspective de cette machine, dans les *Lettres sur la Morée*, etc., II<sup>e</sup> Partie, pag. 41. Depuis, on m'a demandé les développemens et plusieurs applications de ce mécanisme, ainsi que les plans, coupes, etc. On les trouvera dans un Mémoire présenté à la Société d'agriculture de Paris, et inséré dans le n° 66 du *Journal d'Economie rurale et domestique*, ou *Bibliothèque des propriétaires ruraux*, année 1808. Je n'ai fait graver ici que l'application la plus importante de ce mécanisme. Avec ce dessin on pourra aisément comprendre mes descriptions, et même faire construire une machine semblable.

fiées suivant les localités et le plus ou moins de facultés des cultivateurs, sont encore employées dans tout le Levant.

L'art de l'irrigation des terres doit être mieux entendu dans les pays exposés à la sécheresse, que dans ceux où des pluies abondantes et périodiques paroissent rendre cet art inutile ; il est cependant des cas où il seroit à désirer que dans nos climats l'on pût se procurer, par une heureuse distribution, de l'eau en abondance ; et si le propriétaire est obligé à quelques frais pour établir une machine et des canaux d'arrosage, il en est bien récompensé par l'économie d'un temps précieux, et il s'évite par là de grandes fatigues.

L'arrosage à la main est souvent désavantageux, et toujours plus lent à exécuter. Si le jardinier a un espace un peu considérable à arroser, il faut qu'il le fasse souvent pendant la chaleur du jour, n'ayant pas assez de temps avant le lever du soleil et après son coucher. D'ailleurs, l'eau qu'il emploie à cet usage, étant nouvellement tirée du puits, ou renfermée dans des réservoirs étroits et profonds, elle ne peut perdre sa trop grande fraîcheur et sa crudité, si nuisibles aux plantes, tandis que la même eau contenue dans de grands réservoirs et dans des canaux d'arrosage découverts, se met bientôt au degré de la température de l'atmosphère, et même se pénètre du fluide électrique, qui est en si grande abondance dans l'eau de pluie dont elle acquiert alors les qualités bienfaisantes; la manière dont l'eau est distribuée dans les jardins du Levant, remplit parfaitement cet objet.

Le puits se trouve pour l'ordinaire dans la partie la plus élevée du terrain; et le réservoir étant encore surhaussé, il peut fournir l'eau nécessaire pour alimenter les canaux qui doivent la porter et la distribuer de tous côtés. De ce réservoir part un canal qui se subdivise ensuite en rigoles tracées au bord des principales allées du jardin; ces rigoles sont elles-mêmes coupées à angle droit par des saignées qui coulent entre les carrés où sont les plantes potagères.

En labourant ces carrés ou plates-bandes, on a eu soin de rejeter un peu de terre sur les bords, de manière à pouvoir former une sorte de bourrelet de plusieurs pouces d'élévation, et assez solide pour opposer un obstacle à l'eau qui coule dans la saignée ou le canal, et l'empêcher de pénétrer dans l'enceinte du carré dont le niveau est plus bas; quand les réservoirs, les canaux et les rigoles sont remplis d'eau, le jardinier, d'un coup de bêche, fait une ouverture à cette digue, ou bien il lève une petite planche qui forme une espèce de porte d'écluse ; l'eau se précipite alors avec rapidité du canal dans la plate-bande, et s'étend sur toute sa superficie : croit-il qu'un premier arrosage suffise pour ce carré, il ferme l'écluse, et passe au second, de là au troisième, et par ce moyen, dans un espace de temps très-court, il peut abreuver tout le jardin en donnant plus ou moins d'eau, suivant la diversité des plantes, et le besoin qu'elles ont de plus ou de moins d'humidité ; on arrose aussi de la même manière les arbres fruitiers, en faisant courir les eaux d'un arbre à l'autre.

Il peut être utile de faire connoître la manière dont on fabrique les vastes réservoirs dont je viens de parler; la construction en est simple et peu coûteuse : ce sont des planches réunies aux angles par des montans et de fortes traverses, et qui forment une espèce de caisse qu'on pourroit comparer à celles qui, dans nos jardins, contiennent les orangers. Ce réservoir est également isolé de terre sur quatre ou huit pieds, et plus ou moins élevé, pour que l'humidité du terrain ne fasse pas pourrir le fond de la caisse, et qu'on puisse plus aisément la réparer. Les joints sont calfatés avec des étoupes goudronnées, et la superficie du bois est aussi couverte de goudron ; quelquefois on applique dans l'intérieur, au fond et sur les faces latérales, une toile serrée et goudronnée ; par ce moyen très-économique, ces caisses peuvent conserver l'eau aussi bien que nos baches, tonneaux ou cuves en pierre, qui sont beaucoup plus coûteux.

Quant à la machine qui élève l'eau à la hauteur du réservoir, son mécanisme n'est guère plus compliqué que celui de nos puits, et même il n'en diffère que par la forme et la matière des seaux qui sont remplacés par une ou deux chausses, ou entonnoirs en cuir, qui se versent d'eux-mêmes, et fournissent, dans un égal espace de temps, beaucoup plus d'eau que nos seaux ordinaires.

Nous faisons usage, il est vrai, de seaux en bois, qui, arrivés à la hauteur du réservoir, versent l'eau au moyen d'un crochet qui leur fait faire la bascule. Ce mécanisme, fort simple, a néanmoins l'inconvénient de s'user promptement ; la secousse et le frottement tendent à ébranler le seau et même le réservoir, et bientôt à détruire l'un ou l'autre. Les seaux ordinaires de bois, armés en fer, ont le même désavantage, ils se choquent entr'eux en montant ou en descendant ; ils frappent sans cesse contre les parois de la circonférence du puits, et tendent à les dégrader à la longue.

En se servant de seaux en cuir, on n'aura pas les mêmes craintes, car la déversion de l'eau se fait d'une manière régulière, presque sans aucun frottement, et surtout sans secousses; et, quoique le cuir paroisse moins durable que le bois, il l'est en effet davantage, lorsqu'il est continuellement imbibé d'eau ; il devient alors très-élastique, se prête à tous les mouvemens, et reçoit l'impression des chocs sans en être offensé.

Il est probable que les anciens se servoient de seaux en cuir pour puiser de l'eau, ou simplement d'outres pareilles à celles dont on fait usage dans l'Asie mineure et sur les bords du Tigre (1). Quoi qu'il en soit, l'origine de l'emploi de la chausse en cuir, appliqué au mécanisme des puits, doit être dérivée de l'usage primitif de cette espèce d'entonnoir, qui servoit autrefois, comme il sert encore, à transporter les liquides.

On voit à la suite des armées turques un grand nombre de chevaux, de mulets ou de chameaux, conduits par des valets qui n'ont d'autres fonctions que d'aller remplir les outres aux rivières, et de les transporter dans le camp ; ces outres sont de forme conique, la base est

---

(1) Seztini, *Voyage à Bassora.*

fermée par une planche, on les accroche des deux côtés du pommeau de la selle, et l'extrémité inférieure, liée par une corde, pour que l'eau ne puisse s'échapper, se replie, et est également attachée à la selle le long des flancs du cheval, qu'une couverture en cuir garantit de l'humidité ; la forme de ces outres, qui contiennent une petite tonne d'eau, est la moins gênante, et laisse même la faculté de monter le cheval qui les porte ; on ne les décroche de la selle que pour les remplir ; car, pour distribuer l'eau, il suffit de détacher l'extrémité de cette espèce d'entonnoir qu'on délie, et qu'après on rattache à la selle.

Les saccas ou porteurs d'eau ont une outre de la même forme, mais plus petite ; elle est suspendue en bandoulière sur leur dos, et le petit bout armé d'un robinet passe sous le bras, et se rattache à leur ceinture d'où pendent plusieurs tasses d'argent ou de métal du Levant, dans lesquelles ils offrent à boire aux passans.

Pour faire servir ces outres coniques à puiser l'eau dans un puits, une citerne, ou même sur les bords d'une rivière, on n'a eu besoin que de tenir les deux extrémités ouvertes au moyen de cercles de fer à anses, auxquels on attache des cordes.

Pour en verser l'eau dans un réservoir, on

Puits et Jardin turcs.

emploie un mécanisme extrêmement simple ; voici en quoi il consiste (*Planche LII.*)

Sur l'ouverture du puits on établit une espèce de chevalet formé de trois ou quatre perches réunies à leur sommet, on y fixe la poulie; plus bas et à la hauteur du réservoir se trouve un rouleau qui tourne sur des pivots. La corde qui est attachée à la grande ouverture de la chausse, passe dans la poulie; l'autre corde, fixée à l'extrémité de cet entonnoir, passe sur le rouleau, et toutes deux se réunissent au palonnier où est attaché le cheval.

Supposons la chausse au fond du puits ; elle s'y remplit d'eau ; et lorsque le cheval s'éloigne, et que les cordes se tendent, elle commence à remonter : alors le petit bout de cet entonnoir se replie; dans cette position, l'eau qu'il contient ne peut s'échapper, cette extrémité étant aussi élevée que la grande ouverture, et l'eau se trouvant ainsi à son niveau ; en tirant toujours à la fois les deux cordes, la chausse conservera la même position en s'élevant jusqu'au bord du puits ; mais arrivée à la hauteur du réservoir, la petite extrémité passe dessus le rouleau, l'autre monte jusqu'à la poulie, la chausse se développe, prend réellement la forme d'un entonnoir, dont elle fait l'office; l'eau s'échappe enfin par l'ouverture inférieure, et tombe dans le réservoir. Aussitôt le cheval rebrousse chemin ; et la chausse, reprenant sa première position, redescend, par son propre poids, jusqu'au fond du puits, où elle se remplit de nouveau ; le cheval, revenu jusqu'auprès du réservoir, retourne et fait remonter la chausse une seconde fois, ainsi de suite. On voit par cet exposé qu'en peu de temps la bâche se remplit, et verse ensuite l'eau par une rigole dans un bassin inférieur, d'où elle peut se distribuer dans tout le jardin. On remarquera cependant qu'il y a du temps de perdu dans le retour du cheval vers le réservoir ; mais on peut rendre ce retour utile en ayant deux puits aux extrémités de la carrière qu'il parcourt ; alors il fera agir continuellement les deux machines, l'une en allant, l'autre en revenant.

On peut obtenir le même résultat au moyen d'un treuil ou d'une roue de pompe à manivelle, située entre les deux puits à égale distance de l'un et de l'autre : alors les réservoirs seront placés en sens inverse ; et la corde, qui est attachée au petit bout de la chausse, après avoir passé sur le rouleau, traversera le réservoir, passera sous un rouleau parallèle, situé à l'autre extrémité, et reviendra se réunir avec

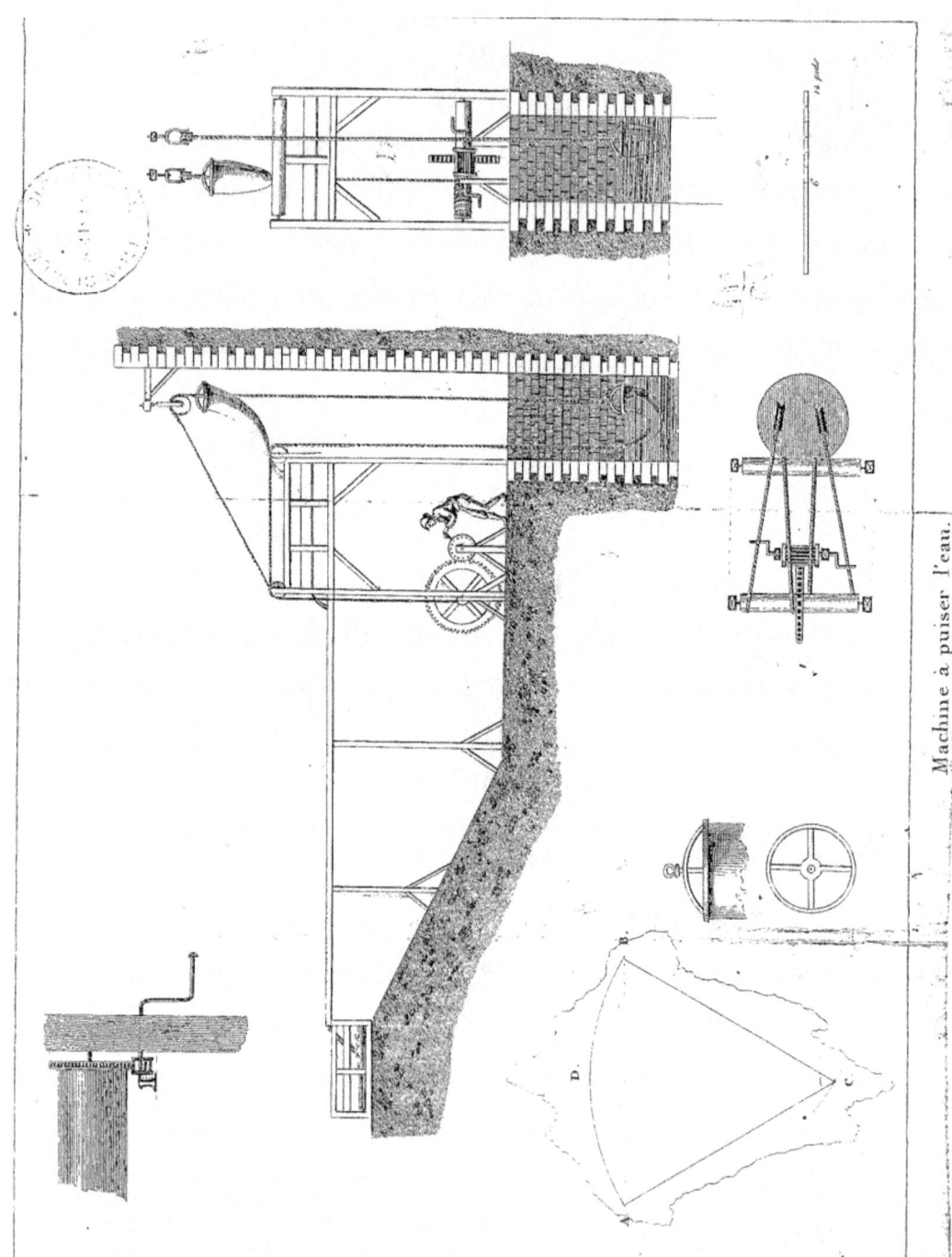

Machine à puiser l'eau.

la première corde dans la poulie ; les quatre cordes seront fixées au treuil par leurs extrémités, de manière que, s'enroulant et se développant successivement, l'une des chausses se remplira au fond du puits, tandis que l'autre versera l'eau qu'elle contient. Ce mécanisme peut aussi s'appliquer à un seul puits, et on remplira par ce moyen deux réservoirs.

Avec le treuil armé de deux bâtons croisés, semblable à celui des haquets de marchand de vin, nous avons vu un homme faire monter en une minute, de la profondeur de douze à quinze pieds, une chausse de dix-huit pouces d'ouverture, sur six pieds de longueur, contenant environ dix seaux d'eau, et la verser dans le réservoir. Mais ce poids trop considérable, rendant à la longue la manœuvre fatigante, il faut diminuer le volume de la chausse, ou augmenter la puissance motrice, soit en doublant le nombre de bras, soit en employant une force mécanique. On doit préférer ce dernier moyen qui consiste à substituer aux leviers une roue d'engrenage en bois, et une lanterne à manivelle (*Planche LIII*), qu'un homme est en état de faire mouvoir avec facilité ; il seroit même encore plus simple d'armer l'extrémité du rouleau d'une roue à dents en fer, et d'adapter à l'arbre de la manivelle une petite lanterne. (Voyez le détail figuré dans la même Planche.) La manœuvre pourroit alors être exécutée par un enfant.

Quant à la disposition des cordes de la poulie et des rouleaux, l'inspection de la gravure doit suppléer à tout ce que nous pourrions en dire ; nous recommandons cependant de placer la poulie à une hauteur telle que la chausse puisse parfaitement se développer, en s'élevant à la hauteur du réservoir ; on doit attacher les cordes aux deux extrémités du rouleau qui sert de treuil, et, s'il est possible, proportionner la longueur de ce rouleau à celle des cordes qu'il doit recevoir ; car il seroit à désirer qu'elles ne fissent pas plusieurs révolutions sur elles-mêmes, ce qu'on ne peut guère éviter cependant lorsque le puits est très-profond.

La chausse est faite avec un cuir de vache tanné, mais sans apprêt, et cousue à la manière des tuyaux de pompe : l'armature est en fer de tringle, de six à huit lignes de diamètre, et consiste en un cercle d'un diamètre plus ou moins grand, avec deux anses croisées en sautoir ; l'extrémité de la chausse est garnie d'un léger cercle de fer à anses plus allongées ; mais on peut s'en passer, et il suffit d'un bourrelet et d'une ganse en cuir, assujétie seulement du côté et sur le prolongement de la couture.

Cette chausse représente un cône tronqué, et son développement offre un triangle équilatéral, dont un des côtés est une portion de cercle qui a pour centre le sommet du triangle : je crois qu'il ne sera pas superflu de donner ici la manière de tracer avec exactitude le développement de cette chausse, pour pouvoir la tailler dans le cuir avec le moins de perte possible. On se servira d'une peau de bœuf, de vache ou de veau, suivant la grandeur qu'on veut donner à sa chausse, et la perte sera peu de chose, si l'on emploie la peau entière ; car elle a déjà une forme à peu près triangulaire, qu'on ne fait que régulariser en la taillant.

On étend le cuir à plat, et on trace sur sa grande largeur une ligne A B qui servira de base à un triangle équilatéral, qu'on construira en prenant une ouverture de compas égale à la longueur de cette ligne, et traçant de chacune de ses extrémités A et B, deux arcs de cercle qui se couperont en C, après avoir réuni les points C A et C B par des lignes droites, du point C on décrira, avec la même ouverture de compas, l'arc A D B, dont les extrémités réunies doivent former un cercle parfait, auquel sera attachée l'armature en fer; ensuite, du même point C, on décrira un autre petit arc qui déterminera la section du cône, ou la petite ouverture de la chausse par où doit sortir l'eau.

On juge bien qu'il faudra laisser en dehors de ces lignes une bande de cuir suffisante pour les coutures, et le rempli qui doit renfermer le cercle de fer à deux anses de fer croisées, figuré en plan et coupe dans la même Planche, et dont le diamètre doit équivaloir au tiers de la corde A B.

Quant aux proportions de cette chausse et à la contenance, elles varient suivant la quantité d'eau qu'on veut se procurer. Mais, pour éviter à nos lecteurs la peine d'en faire le calcul, ou les désagrémens du tâtonnement, nous allons donner un tableau approximatif qui doit suffire.

Nous avons dit que la chausse représentoit un cône tronqué dont la hauteur est égale à la mesure de l'un des côtés du triangle A C B D, et le diamètre de la base équivaut au tiers de la hauteur, ou, ce qui revient au même, au tiers de la corde A B. Nous allons donner la contenance de trois cônes, dont l'un sera la moitié de l'autre, et le troisième sera le tiers du premier.

Un cône de cinq pieds de hauteur, sur une base de vingt pouces de diamètre, contiendra 3,58 pieds cubes d'eau, ou 9 seaux 9/10 (1).

Celui de quatre pieds sur seize pouces, contiendra 1,84 pieds cubes, ou 5 seaux 1/10; et celui de trois pieds six pouces, sur quatorze pouces, contiendra 1,22 pieds cubes, ou 3 seaux 3/10.

On doit faire abstraction de la perte d'eau occasionnée par le pli que le cône contracte en montant du fond du puits, puisqu'il est suspendu par les deux extrémités; cette perte peut s'évaluer à un demi-seau, et nous avons aussi négligé la contenance de la portion tronquée de ce cône.

La plus grande de ces chausses ne pourra être aisément manœuvrée qu'au moyen du treuil armé d'une roue d'engrenage, et la plus petite pourra l'être par le simple treuil à manivelle et à roue de pompe.

Je me suis appesanti sur la construction de la chausse, parce qu'en effet c'est la partie la plus importante de cette machine; et même, comme je l'ai déjà observé, c'est en cela que consiste

---

(1) Nous évaluons les dimensions d'un seau à neuf pouces de diamètre, sur dix pouces de hauteur, et par conséquent sa contenance a, pieds cubes, 0,36.

l'innovation, car le reste du mécanisme peut être varié à l'infini, et l'on peut substituer cette chausse à toutes les machines dans lesquelles on s'est servi jusqu'à présent de seaux pour monter de l'eau.

Celle-ci procure, dans le même espace de temps, et avec la même force motrice, un volume d'eau bien plus considérable, et elle y joint un autre grand avantage, celui de porter l'eau à telle hauteur qu'on voudra, au moyen d'une ou plusieurs machines de cette espèce : il ne s'agit pour cela que d'élever le réservoir au niveau de la plus grande hauteur d'un terrain en pente, et de faire couler l'eau dans des canaux formés par des arbres creusés, ou simplement par deux planches clouées l'une à côté de l'autre, à angle droit, et dont le joint est goudronné.

On pose horizontalement cette espèce de canal sur des piquets; l'eau y coule à découvert, et l'extrémité de ce canal, de niveau avec le premier réservoir, aboutit à un second réservoir qui se trouve dans l'endroit le plus élevé du jardin (même Planche).

Supposons qu'on ne veuille atteindre qu'à une hauteur perpendiculaire de douze pieds, on élevera le premier réservoir sur quatre poteaux à cette hauteur. On conçoit qu'en portant la poulie à quelques pieds du réservoir, la chausse montera et se videra aussi bien à cette hauteur qu'au niveau du terrain, quoique le mécanisme nécessaire soit placé au-dessous de ce même réservoir; on y trouvera un autre avantage, les rouages seront à l'abri du soleil et de la pluie, qui tendroient à les faire déjeter, s'ils sont en bois, ou à les rouiller s'ils sont en fer : d'ailleurs, le jardinier sera également à couvert; et si l'on recouvre les poteaux avec du treillage, auquel on appliquera de la vigne ou d'autres plantes grimpantes, cet échafaudage aura l'apparence d'un berceau : enfin, le puits, entouré d'arbustes, ne déparera pas le jardin d'agrément le plus soigné.

On peut aussi disposer les canaux en bois ou tuyaux, de manière à ce qu'ils soient totalement cachés, soit en les faisant passer le long d'une allée d'arbres, à travers les grosses branches qui leur serviront d'appui, et le feuillage qui les dérobera aux regards, soit en les établissant sur la crête ou le long d'un mur couvert de charmille.

Le bassin où aboutissent ces canaux peut être situé, comme on le fait en Angleterre, sur les branches fourchues d'un grand arbre, ou bien sur la terrasse de quelque kiosque, ou toute autre construction destinée à orner un jardin. Dans un lieu pareil, on se procureroit en été un abri extrêmement frais, et l'eau du bassin pourroit servir à exécuter mille jeux agréables. Enfin, le mécanisme s'appliquera, si l'on veut, au mur extérieur d'une maison; et, en établissant le réservoir au sommet de l'édifice, l'eau pourra être distribuée dans tous les appartemens.

Si on peut faire monter l'eau à douze pieds de hauteur, il doit être aussi facile de la porter à une bien plus grande élévation. Supposons donc que, du premier bassin, l'eau coule dans des canaux qui la portent à un second réservoir situé à une certaine distance : celui-ci, bien plus élevé que le premier, sera un puits factice, duquel on tirera l'eau au moyen d'un mécanisme semblable au premier. Cette eau, élevée à une hauteur double, sera portée encore à une grande distance, au moyen de canaux, dans un troisième réservoir; ainsi de suite. On voit qu'au moyen de ces sortes d'écluses, il seroit possible de faire arriver l'eau au sommet d'un coteau, avec moins de frais sans doute qu'on ne pourroit le faire avec une puissante pompe.

Au reste, ce mécanisme peut se modifier, suivant les lieux et les circonstances. Si le puits se trouve dans un terrain bas, il deviendra indispensable d'élever le réservoir à une hauteur telle, que l'eau qui s'en échappe puisse être portée dans toutes les parties du jardin.

Si le puits est très-profond et situé dans une cour, ou tout autre lieu circonscrit, au point de ne permettre au cheval (si toutefois on ne se sert pas du treuil armé d'une roue d'engrenage) de parcourir en ligne droite qu'un espace insuffisant, alors on fera passer les cordes dans une ou plusieurs poulies de renvoi; ou bien l'on pourra adapter une roue à lanterne, que le cheval fera tourner en tournant lui-même.

Sur le bord d'une rivière il suffira, comme font les Turcs en campagne, lorsqu'une armée se trouve auprès d'un fleuve, d'un étang ou d'une citerne, de planter deux pilotis dans le courant; ils supporteront l'extrémité de deux poutres horizontales et saillantes, dont l'autre bout sera appuyé sur le rivage. Tout le mécanisme s'établira sur ces deux poutres, et le réservoir, situé sur la rive, sera élevé à la hauteur nécessaire pour que l'eau puisse être portée au loin : enfin, je suis convaincu qu'il n'est pas de cas où ce mécanisme ne pût remplacer tous ceux dont on se sert pour puiser de l'eau. Le seul désavantage que ce mécanisme a néanmoins de commun avec plusieurs autres machines à puiser l'eau, est de ne pouvoir tourner continuellement dans le même sens, c'est-à-dire que les chausses ou les seaux, après avoir versé l'eau dans le réservoir, doivent redescendre dans le puits; et la corde enroulée autour du treuil, se développant en sens inverse, communique à la manivelle un mouvement rétrograde. Pour obvier à cet inconvénient, ou le rendre à peu près nul, j'entrevois la possibilité d'employer le mécanisme du *mouton à déclic*. Mais cette idée, qui, pour en faire une juste application, auroit besoin d'être mûrie et développée par un habile mécanicien, dépasse mes moyens et les bornes que je m'étois prescrites.

Mon but a été de mettre cette machine à la portée des simples cultivateurs, particulièrement des jardiniers-maraîchers, et par l'extrême modicité de son prix, et par sa simplicité qui est telle, que l'ouvrier le moins intelligent n'aura besoin que d'un coup d'œil pour en saisir l'ensemble et les détails, et l'exécuter avec la plus grande facilité. Mais on juge bien que si elle est utile au pauvre, elle peut, entre les mains du riche, devenir une source d'agrément, en lui procurant de l'eau en abondance pour tous les usages du luxe. En effet, au moyen de ce mécanisme, et avec une légère complication de rouages, il pourra porter l'eau à une grande élévation, en remplir de vastes réservoirs, d'où elle s'échappera en jets ou en cascades, et alimentera les canaux qui embelliront ses jardins.

Le manufacturier se procurera, par le même moyen, l'eau nécessaire à ses manipulations ; l'ingénieur s'en servira aux épuisemens : en un mot, elle suppléera et remplacera avec avantage les pompes, et d'autres machines hydrauliques beaucoup plus compliquées, et dont l'établissement et l'entretien doivent être par conséquent bien plus coûteux. Je termine ici un travail dans lequel je n'ai cherché d'autre objet que celui d'être utile à mon pays, en lui faisant connoître une machine d'autant plus précieuse, qu'elle est simple dans ses données, peu coûteuse pour son établissement, et qui doit être par là très-utile à l'agriculture. Heureux si je pouvois voir un jour cette méthode de se procurer de l'eau pour les irrigations adoptée et répandue en France, comme elle l'est dans les campagnes de l'Asie mineure et de la Grèce, que je me féliciterois alors doublement d'avoir parcourues (1) !

---

(1) On se méfie avec raison de la tendance des voyageurs vers une sorte d'exagération qui leur fait vanter les usages des pays étrangers, uniquement parce qu'ils sont nouveaux ou singuliers. Je craignois, je l'avoue, d'avoir moi-même abondé dans ce sens, de m'être dissimulé les défauts de ce nouveau procédé, d'en avoir exagéré les avantages ; et, quoique son utilité fût déjà consacrée par l'expérience de plusieurs siècles, il étoit bon de se convaincre que les données que j'avois recueillies dans le Levant étoient exactes ; l'épreuve qui en a été faite m'a donné cette conviction ; et le succès a répondu à mes désirs. Cependant les ouvriers repoussent, pour l'ordinaire, toutes les innovations ; ils ne se prêtent pas volontiers à leur exécution, et ce n'est qu'avec peine qu'on peut les faire renoncer à leurs idées routinières. Ici on n'a pas été arrêté par ces difficultés, car le petit modèle de cette machine leur a paru d'une telle simplicité, qu'ils en ont conçu aussitôt toutes les parties, et ont travaillé à l'exécution en grand, sans témoigner le moindre doute sur la réussite.

Cette machine a été exécutée, d'abord, à Saint-Crépin-en-Chaye près de Soissons, chez M. Peyre, neveu, architecte du gouvernement, et, bientôt après, elle a été adoptée dans les environs par plusieurs cultivateurs ; elle devoit être aussi établie sous la direction de M. Molard, au Conservatoire des arts et métiers à Paris, et chez plusieurs particuliers.

## LETTRE XLVII.

Le 6 juin 1787.

Départ de Constantinople.

La compagnie d'artillerie que le gouvernement français avoit envoyée à Constantinople pour l'instruction des troupes turques, a reçu l'ordre de partir sous vingt-quatre heures. Un vaisseau de cette nation est prêt à mettre à la voile ; il a été désigné pour transporter ces militaires, et un officier de la marine française doit partager le commandement avec le capitaine turc. L'on nous a offert de profiter de cette occasion pour repasser en France ; nous avons accepté.

A peine avons-nous le temps de faire nos adieux aux amis que nous avons acquis, que nous allons quitter à regret, et qui, par leur attachement et les charmes de leur société, nous ont rendu si agréable le séjour d'une ville orientale. Je viens d'embrasser le respectable M. Ruffin, le Nestor des agens de France dans le Levant ; il a eu pour moi la tendresse d'un père. J'ai retrouvé, en quelque sorte, ma famille dans la sienne, la bienveillance, les soins, les conseils; en un mot, l'amitié qu'on est si heureux d'inspirer et de ressentir dans un pays étranger. Si j'ai tiré quelque fruit de mon voyage; s'il a étendu mes connoissances, s'il m'a procuré quelques momens heureux, c'est à la famille Ruffin et Lesseps que j'en suis redevable. Je pars, avec le regret de laisser un si long espace entre mes amis et moi.

On vient de nous prévenir que la chaloupe nous attend pour nous transporter à bord. Le vent est favorable; il nous promet une prompte traversée : dans quelques heures, nous aurons déjà perdu de vue les hauts minarets de Constantinople, les montagnes couvertes de cyprès qui dominent le Bosphore; et notre séjour dans le Levant ne laisseroit plus dans notre esprit d'autres traces que celles d'un songe, si l'amitié n'en gravoit l'époque d'une manière indélébile.

Le 8 juin, nous étions partis si précipitamment, que le capitaine n'avoit pu compléter ses provisions de voyage; elles devoient l'être à Gallipoli, où nous sommes arrivés le second jour de traversée.

Une susprise bien agréable nous y attendoit. A peine le bâtiment étoit-il à l'ancre, qu'une chaloupe, faisant force de rames, s'est approchée de notre bord; nous y avons reconnu le capitaine du kirlanguitch, qui nous avoit amenés de France, avec ses frères et les principaux matelots. Ces braves gens sont venus nous embrasser avec une effusion de cœur très-touchante. Nous leur avons témoigné le plaisir que nous faisoit cette rencontre inespérée ; et, après avoir trinqué mutuellement au bon succès de notre voyage, nos anciens amis se sont retirés, emportant nos vœux et des lettres dont nous les avons chargés pour Marseille, qui étoit le but de leur expédition.

Le lendemain matin, nous sommes partis de Gallipoli, et ne sommes arrivés que le soir aux Dardanelles, où nous devions embarquer notre provision de viandes salées, qu'on n'avoit pu nous fournir à Gallipoli.

En sortant des Dardanelles nous avons eu un calme qui a duré deux jours. Enchaînés au milieu d'une mer tranquille, qui réfléchissoit les rayons d'un soleil brûlant, le vaisseau étoit si échauffé, que le goudron dont il étoit revêtu se fondoit de toutes parts, et qu'on n'auroit pu marcher sur le pont si on ne l'avoit arrosé continuellement.

Le 13, au lever du soleil, on a reconnu le cap d'Oro : nous l'avons doublé par un léger vent du nord. L'après-dîner, à la hauteur de Zea, nous avons aperçu des bâtimens qui sembloient avoir des intentions hostiles : aussitôt on a distribué les canonniers à leurs postes. Nous n'avions que huit canons, mais chacun pouvoit être servi par cinq hommes, ce qui équivaloit à une artillerie beaucoup plus formidable. Toutes nos dispositions étoient faites ; les canons étoient chargés et pointés sur les ennemis, qu'on a reconnus enfin pour des bâtimens marchands. Ils se sont hâtés de se rallier, en serrant la côte d'aussi près qu'ils ont pu, paroissant fort effrayés de notre apparence guerrière, et surtout de voir autant de militaires sur un aussi petit vaisseau, qui, en effet, avoit tout l'air d'un corsaire.

En ce moment un calme plat nous a surpris ; une chaleur étouffante nous accabloit ; le soleil jetoit de longs rayons à travers des nuages blanchâtres, et une espèce de brume couvroit l'horizon. Tout à coup une rafale de vent, que rien n'avoit annoncée, fond comme la foudre sur notre bâtiment qui portoit toutes ses voiles, le fait plier sur le côté ; l'extrémité des vergues touche à la surface de la mer, l'eau entre à grands flots par les écoutilles, et nous devions sombrer si, par un mouvement machinal, chacun de nous ne s'étoit pas porté du côté opposé pour faire contre-poids. En ce moment l'un de nos mâts casse ; la voile tombe à la mer ; ce poids de moins soulage le navire ; l'on parvient à carguer les autres voiles, et nous nous relevons par une sorte de miracle. Après avoir, tant bien que mal, réparé ce dommage, l'on a couru toute la nuit, et découvert, le 14 au matin, l'île d'Hydra que nous avons laissée sur notre droite : le soir nous étions proche du cap Saint-Ange.

Nous avions eu, pour la seconde fois, le regret de voir disparoître derrière nous le cap Sunium et le temple de Minerve ; l'île d'Hydra fuyoit à son tour, et le vent, toujours favorable, nous poussoit malgré nous hors de l'Archipel. Cependant, dès notre départ, j'avois formé le projet de me faire jeter sur les côtes de la Grèce, et le plus près possible d'Athènes: ce désir n'étant partagé que par un seul de nos compagnons de voyage (1), le capitaine n'a point voulu y consentir, dans la crainte de retarder sa marche. Mais à peine eûmes-nous dépassé l'antique Cythère, qu'enchaînés successivement par le calme ou repoussés par le vent contraire, nous avons été forcés de courir de nombreuses bordées pour ne pas être jetés sur

---

(1) M. Stanislas l'Eveillé, l'un des ingénieurs attachés à l'expédition, et dont la constante amitié a doublé pour moi les charmes du voyage. Je lui dois une foule de renseignemens écrits, et de détails dessinés, qui m'ont été très-utiles. (Voir l'*Introduction.*)

les rocs menaçans du Ténare ; et, après avoir croisé depuis le 15 jusqu'au 18 entre le cap Matapan et celui de Coron, notre eau, ainsi que nos autres provisions, étant épuisées ou gâtées par l'excès de la chaleur, le capitaine s'est vu obligé de tourner le cap sur la ville de Coron, où nous avons eu enfin la satisfaction de mettre pied à terre.

# LETTRE XLVIII.

De Coron, le 18 juin 1797.

Retour dans la Morée (1). — Coup d'œil général sur ce pays et sur l'Archipel grec. — Cause présumée de l'aridité des îles, comparée à la fertilité du continent.

C'est avec peine que nous nous sommes séparés de nos compagnons de voyage, dont plusieurs étoient devenus nos amis. Ils désiroient franchir rapidement l'espace qui les séparoit

---

(1) La Morée, autrefois le Péloponèse, est une grande presqu'île au sud de la Grèce, à laquelle elle est attachée par un isthme assez étroit, entre les golfes de Lépante et d'Engia. Elle est habitée par trois sortes de peuples, les Turcs, les Grecs et les Albanais. Les Turcs sont les maîtres, et habitent les grandes villes; les Grecs se livrent au commerce ou à la culture, et les Albanais ont la garde des troupeaux. Le pacha, ou Musellim, qui gouverne, réside à Tripolitza, la capitale du pays, qui est à peu près au centre de la presqu'île. Il a sous lui des beys, qui commandent dans les différentes places fortes, telles que Corinthe, Patras, Napoli de Romanie, Mistra, Napoli de Malvoisie, Coron, Modon et Navarins; mais il est quelques cantons privilégiés, sur lesquels il n'a qu'un léger droit de surveillance, comme celui de Gastouni, qui, quoique habité par des Turcs, se gouverne par un conseil particulier. Dans la partie méridionale est le pays des Magnotes, qui sont en quelque façon indépendans : ce sont des Grecs réfugiés de différentes parties de la Grèce, qui ne paient qu'un léger tribut au pacha, et souvent même lui font la guerre. Dans la partie orientale de la presqu'île est

de la France. Avec les mêmes motifs de revoir notre patrie, nous avons cependant résisté à notre impatience. De retour dans la Morée, dont nous avions déjà parcouru une partie avec le plus vif intérêt, notre relâche à Coron (1) nous présentoit la facilité de connoître davantage ce pays célèbre : d'ailleurs, M. de Bermont, consul-général de France en Morée, nous a accueillis avec bonté. Le long séjour qu'il a fait dans ce pays lui a procuré des connoissances locales qui peuvent nous être fort utiles : il nous donnera les moyens d'observer avec fruit, de voyager avec sûreté, et c'est d'après ses conseils que nous avons renoncé au voyage

---

une autre nation que l'on appelle les Chakoniotes : ce sont des gens habitués à la fatigue, bons soldats, et dont on vante la fidélité. Les Albanais habitent particulièrement la partie du nord de la presqu'île, et l'intérieur du pays.

Cette presqu'île, située entre le 36e et le 38e degrés de latitude nord, et entre le 19e et le 21e degrés de longitude à l'orient du méridien de Paris, a à peu près trente-cinq lieues de longueur du sud-ouest au nord-est, depuis le cap Gallo jusqu'à l'isthme de Corinthe ; environ cinquante du sud-est au nord-ouest, depuis le cap Malio ou Saint-Ange jusqu'à Patras, et à peu près quarante de largeur de l'ouest à l'est, depuis le cap Tornèse jusqu'au cap Skyllo. (*Note communiquée par M. Barbié du Bocage, membre de l'Institut de France.*)

(1) L'emplacement de Coron répond à celui de l'ancienne *Colonides*; cependant ce nom sembleroit plutôt rappeler celui de la ville de Coroné, qui a joué un rôle bien plus important que Colonides dans cette contrée ; mais on trouve aujourd'hui les ruines de Coroné à quelque distance au nord de Coron, près d'un village appelé Balliada.

d'Athènes. Aucun bâtiment ne s'étoit présenté pour nous y conduire : il nous a fait observer que la route par terre étoit impraticable. Il auroit fallu traverser les montagnes du Magne, dont les habitans, presque toujours en révolte contre les Turcs, et de plus naturellement inquiets ou soupçonneux, n'auroient pas vu de bon œil des étrangers : il ne s'est pas même offert de guide pour nous conduire à travers ce pays sauvage. Il faut donc nous contenter de jeter les yeux autour de nous. Au reste, le Péloponèse ne réveille-t-il pas d'assez grands souvenirs ? Ne sommes-nous pas encore sur une terre classique ? La Morée, moins connue que l'Attique, parce qu'elle n'offre que peu d'antiquités, n'a pas été parcourue : on la néglige parce qu'elle est pauvre; mais ne nous-à-t-elle pas fourni déjà matière à des observations intéressantes ? Nous allons la parcourir encore, et peut-être nous présentera-t-elle des objets qui, pour n'être pas vantés, n'en seront que plus piquans par leur nouveauté. A Athènes, nous n'aurions pu que nous traîner sur les pas de nos devanciers. Les colonnes de ses temples, cent fois mesurées et décrites, que nous auroient-elles appris ? En Morée, une pierre qui n'aura pas été remarquée depuis des siècles, un site qui n'aura été vu par aucun artiste, seront autant de découvertes. Nous aurions suivi dans l'Attique un sentier battu : ici, nous sommes obligés de le frayer nous-mêmes. En aplanissant les obstacles que nous y rencontrerons, nous aurons fait une conquête, et nous laisserons à ceux qui nous suivront un motif d'émulation.

Le Péloponèse, berceau des demi-dieux de la Fable, théâtre de faits mémorables, patrie d'hommes illustres, n'est plus pour le voyageur qu'une source de regrets : ce pays n'a conservé, de tant de gloire et de splendeur, de tant d'avantages divers, que ce que les hommes n'ont pu enlever à la nature. Cette contrée a perdu ses trésors et ses monumens ; mais elle a conservé la beauté de son climat, la fertilité de son sol, sources inépuisables de vraies richesses. Sous certains points de vue, on peut comparer la Morée, dans son état actuel, à ce qu'elle étoit dans les temps héroïques de la Grèce : ses habitans sont presque aussi sauvages, aussi ignorans ; la nature est rentrée dans tous ses droits ; le terrain est redevenu, par un long repos, le manque de culture et la dispersion de ses habitans, presque aussi vierge qu'il l'étoit autrefois. Je vais développer les causes de la fertilité dont ce pays est susceptible, en cherchant à expliquer celles de la stérilité de la plupart des îles de la Grèce.

La lecture des écrits des anciens auteurs sur l'Archipel grec laisse dans l'esprit un tableau enchanteur : on se peint ces îles fortunées, parées d'une végétation abondante, de bosquets, de jardins qui entourent des villes florissantes, ornées elles-mêmes de palais et de temples magnifiques : on se représente ces lieux habités par un peuple heureux et riche de tous les dons de la nature et des arts. Qu'il y a loin de la réalité actuelle à ces époques brillantes dont les souvenirs ont traversé les siècles ! Lorsqu'on visite ces mêmes contrées, on récuse le témoignage de ses yeux, on s'étonne d'entendre donner des noms célèbres à des rochers stériles : quelques colonnes encore debout au milieu des ruines attestent, il est vrai, la magnificence des anciens : l'esprit s'élève un moment avec elles ; mais votre cœur se serre quand vos regards retombent sur le pays environnant, et que vous en considérez les malheureux habitans. On peut attribuer ces tristes vicissitudes à des causes physiques préparées par la main destructive des hommes, la foiblesse et l'imprévoyance des gouvernemens qui n'ont ni aidé la nature, ni entretenu l'harmonie et l'équilibre qu'elle tend toujours à reprendre.

Lorsque les premiers Grecs quittèrent la vie

sauvage pour devenir agriculteurs, ils durent défricher d'abord les vallées et les coteaux : bientôt la population, l'industrie et les besoins augmentant, ils se virent forcés de dépouiller les montagnes de leurs forêts primitives. Cependant, à mesure que les bois devinrent plus rares, ils en apprécièrent mieux l'agrément et l'utilité dans ces climats brûlans ; aussi peuplèrent-ils les bocages de divinités protectrices et de temples qu'on respecta long-temps (1). Enfin, les sanctuaires des Grecs tombèrent avec leur religion, les forêts sacrées furent abattues ; dès lors les nuages ne s'arrêtèrent plus sur le front chauve des montagnes ; les rivières qui y prenoient leur source cessèrent de fertiliser les plaines ; le sol fut ravagé par les torrens qui entraînoient la terre végétale, et laissoient à découvert les roches dont elles emportoient les débris jusque dans les plaines (2) : en général, l'aspect des îles anciennement habitées,

---

(1) On remarque à Constantinople le même penchant dérivé du besoin qu'on a de l'ombrage. Si l'on bâtit une maison, et que sur le terrain il existe quelque arbre antique, on se garde de le couper ; on dérange plutôt la disposition du plan de construction, ou, ne pouvant mieux faire, on élève la maison autour de l'arbre qui traverse le toit, et le couronne de verdure : aussi, de loin, la ville présente un aspect charmant, par le mélange des habitations avec des arbres de toute espèce.

(2) Dans la plupart des États-Unis de l'Amérique septentrionale, où on a coupé les bois, on cite déjà une multitude de ruisseaux

et particulièrement de celles de l'Archipel, fait voir la probabilité de cette opinion. Si la terre-ferme n'a pas éprouvé ces révolutions d'une manière, à beaucoup près, aussi sensible, on doit attribuer cette différence à celle qui existe dans la configuration du terrain.

Les îles de l'Archipel sont montueuses : en les observant avec attention, on découvre que ces montagnes sont disposées dans un ordre régulier et invariable. Les plus petites de ces îles offrent une forme pyramidale ou conique, dont tous les plans s'inclinent vers la mer; d'autres présentent un groupe de mamelons appuyés l'un sur l'auttre, ou rangés à la file, et composant une chaîne. Toutes ces dispositions sont favorables à l'irrigation des terres tant que les sommités sont couvertes de forêts; mais dès qu'il n'en existe plus, cette même disposition devient pernicieuse, la pente donnant aux eaux la facilité d'entraîner peu à peu la terre végétale.

Le continent et les grandes îles ont beaucoup moins souffert, parce que, au lieu d'un groupe ou d'une suite de montagnes, le terrain est traversé en tout sens par différentes chaînes,

---

qui ne tarissoient pas il y a quinze ans, et qui maintenant manquent d'eau chaque été; d'autres ont totalement disparu. ( Volney, *Voyage aux Etats-Unis.*)

lesquelles, en se croisant, forment entre elles des divisions inégales, et variées comme les vallons qui les séparent. Les nuages, poussés sur les crêtes des montagnes, sont retenus dans ces enceintes naturelles ; ils ont le temps de s'y amonceler, et s'y résolvent en pluie : les eaux, ne trouvant pas un écoulement trop prompt, se rassemblent sur les plateaux supérieurs, alimentent les sources, et les ruisseaux, se versant d'une vallée dans une autre plus basse, produisent les rivières qui fertilisent le pays.

La presqu'île de la Morée est dans ce dernier cas. Il suffit de jeter un coup d'œil sur la carte de cette contrée, pour reconnoître que la charpente générale de la Morée (1), si je puis m'exprimer

---

(1) Les montagnes de la Morée semblent prendre leur origine des divers caps de cette presqu'île. C'est des caps Malio, Matapan et Gros que partent ces montagnes arides et stériles qui forment le Brazzo di Maïna. Elles perdent insensiblement leur aridité, en se rapprochant du nord, et vont se répandre ensuite, en divers sens, dans toute la Morée. Cependant leur direction principale est du sud au nord ou nord-est. Du cap Gallo ou de Coron partent d'autres montagnes qui ont la même direction, et qui vont former celles d'Arcadie. Tous ces monts se prolongent ensuite dans le nord-est de la Morée ; ils sont couverts, du côté de Calavrita et Caritena, d'excellens pâturages. C'est au bas de ces montagnes et au fond des golfes, que sont situées les plus belles plaines. Dans le renfoncement de celui de Coron se trouve la riante plaine de Nissy, arrosée d'une grande quantité de ruisseaux qui la rendent fertile. Plus haut, se voit la vallée d'Alaï, qui a une lieue environ de largeur, sur trois ou quatre de longueur ; elle est située entre les montagnes d'Arcadie et celles de Léondari. On traverse ces dernières par des

ainsi, a dû y conserver les premiers élémens de fécondité. En effet, cette cause et la douceur du climat rendent encore aujourd'hui le sol de cette presqu'île aussi propre qu'autrefois à tous les genres de culture. Les plaines fournissent toutes sortes de grains, ainsi que la plante qui produit le coton. La vigne peut donner un vin délicieux. L'espèce appelée *uva passa*, ou raisin de Corinthe, originaire de ce pays, et qui fait toute la richesse de l'île de Zante, pourroit former une branche de commerce très-étendue. Les bords de la mer sont plantés d'oliviers plus

---

défilés, pour se rendre à Tripolitza, capitale de la Morée, bâtie dans un bassin entouré de monts escarpés : l'air y est vif et salubre. Cette plaine peut avoir dix à douze lieues carrées. En descendant vers le sud, on entre dans la riche plaine de Mistra, et de là, tournant vers l'est-nord-est, par des montagnes scabreuses, on trouve le golfe de Napoli de Romanie, au fond duquel est la fertile plaine d'Argos, qui s'étend à trois ou quatre lieues. Au-dessus, dans la partie du nord, est située la plaine de Corinthe; enfin, en côtoyant le golfe de Lépante jusqu'à Patras, sont encore quelques vallons plus ou moins grands et fertiles. De Patras en allant en Arcadie, on trouve aussi des plaines assez vastes : celle de Catacoli donne beaucoup de grains; tout le reste de la Morée est hérissé de montagnes, où prennent leur source les principaux fleuves et rivières de cette presqu'île. L'Alphée sort des montagnes de Léondari : ses eaux, grossies dans leur trajet par un grand nombre de ruisseaux, traversent le territoire de Caritena, et vont se décharger ensuite dans la mer, à deux lieues de Pyrgos. L'Eurotas prend sa source dans les mêmes montagnes, et va couler sous Mistra. Le Pénée est vraisemblablement cette rivière connue sous le nom de *Gastouni*, en ce qu'elle coule sous les murs de cette ville : sa source est du côté de Caritena. (*Note communiquée par M. de Bermont.*)

beaux que ceux d'Italie, et de nos provinces méridionales : ces arbres majestueux paroissent très-vieux. Respectés des frimas, jamais ils n'ont été frappés de stérilité : il en est quelques uns qui sont reconnus, par tradition, exister depuis plusieurs siècles. Le fruit en est beau, et il ne manque à l'huile qu'on en extrait, pour être parfaite, que d'être manipulée avec plus de soin. Les orangers et les citronniers forment des bosquets naturels ; ils croissent sans culture, et embellissent des solitudes. Plusieurs espèces d'arbres résineux, entre autres celui dont on retire le mastic en larmes (1), couvrent des monts qui peuvent en outre nourrir un grand nombre de troupeaux, auxquels ces terrains incultes fournissent en abondance des plantes aromatiques, préférables aux plus gras pâturages : aussi le lait, le beurre et les fromages de Morée sont-ils estimés : on en exporte une grande quantité. Dans certaines parties, on trouve de très-beaux bois de construction.

L'on pourroit élever beaucoup d'abeilles, et les bergers découvrent fréquemment des essaims retirés dans le creux des vieux arbres. Il seroit aussi facile de naturaliser dans ce pays,

---

(1) Le lentisque est cultivé principalement à Chio ; mais s'il l'étoit en Morée, il produiroit la même récolte, le climat étant semblable.

les fruits et les productions des deux Indes. Quelques expériences, tentées à Coron par un négociant français, ont été couronnées du succès le plus satisfaisant. Enfin, il n'est pas une seule place dans cette contrée, où la nature n'ait distribué ses dons d'une main libérale ; mais les Moraïtes ne pourront ni la seconder ni profiter de ses bienfaits tant qu'ils seront courbés sous la verge de fer qui les comprime. Les guerres dont le Péloponèse a été le théâtre, la domination qu'y ont exercée tour à tour différens peuples, en ont dispersé les habitans. Dans les derniers siècles on a vu ce pays envahi successivement par les Croisés français, les Génois, les Vénitiens et les Turcs ; mais la dépopulation a été encore plus sensible depuis l'invasion des Albanais : la culture y a été tellement négligée, qu'on n'y recueille pas de quoi nourrir le peu d'habitans qui y sont restés(1). On ne peut espérer que ce pays se relève tant que le despotisme des Turcs pèsera sur les Grecs, qui font presque la totalité de la partie travaillante des habitans de cette presqu'île. Autrefois la population y étoit si nombreuse, qu'on en voyoit fréquemment sortir des colonies pour aller s'établir dans

---

(1) Depuis cette époque, la culture a été si négligée, que, de trois cents chargemens de blé que l'on y faisoit année commune, à peine peut-on en faire aujourd'hui cinquante.

les îles voisines, et jusques en Sicile ou en Italie. Ces émigrations volontaires soulageoient la mère-patrie et étendoient sa puissance. Les Grecs portoient leurs lumières, leurs arts et leurs lois aux peuples qui les recueilloient sur leurs côtes. Aujourd'hui les Moraïtes sortent encore, et même souvent, de leur patrie; mais c'est pour la fuir, et ils ne portent dans les autres contrées qu'une âme flétrie par la misère, l'ignorance et l'avilissement. Leurs villes, n'étant plus vivifiées par l'industrie et le commerce, au lieu de s'accroître, de s'embellir, tombent en ruines : les campagnes sont presque désertes, ou ne sont habitées que passagèrement par un peuple nomade et paresseux, qui préfère de tirer sa grossière subsistance de ses troupeaux, plutôt que de se livrer à des travaux agricoles que la fertilité du sol rendroit peu pénibles. C'est pour eux le moyen d'éviter les vexations : ils changent de place à mesure que leurs troupeaux consomment les pâturages, et parcourent les lieux les plus écartés. Mais si un gouvernement juste et protecteur rappeloit leur confiance, s'ils ne craignoient plus de se voir enlever le fruit de leurs travaux, on les verroit revenir en foule peupler les villes, construire des habitations stables dans les campagnes, se rendre à la culture, et même aux arts. Le Péloponèse redeviendroit l'entrepôt du commerce du Levant, et l'on verroit peut-être se relever, du milieu de leurs ruines, l'auguste Lacédémone et d'autres villes célèbres, habitées par de nouveaux Grecs, dignes descendans d'un des premiers peuples de la terre.

## LETTRE XLIX.

Coron, 20 juin.

Description de la ville de Coron.—Avantages de sa situation. Justice turque. — Mœurs, usages et gouvernement des Magnotes, descendans des Spartiates.

Le golfe de Coron est vaste et de forme demi-circulaire : à droite, il est abrité par les montagnes scabreuses du Magne. Dans le renfoncement se trouve la riante plaine de Nissy, et la ville de Coron est située à l'autre extrémité (*Planche LIV*), sur le penchant d'une montagne entourée, à son sommet, par la citadelle. Les maisons, disposées par gradins, présentent leur façade du côté de la mer, et de chacune d'elles on jouit d'une riche perspective. Le voisinage de plaines, où les champs cultivés sont entre-mêlés de bosquets et arrosés par quantité de ruisseaux, rend les promenades agréables. La maison consulaire est sur la marine; les embarcations peuvent arriver au pied d'une terrasse qui règne au-devant, et au milieu de laquelle s'arbore le pavillon de France.

Vue de la Ville basse de Coron, prise de la tour ronde de la Citadelle.

Coron commence à sortir des ruines qu'y avoit amoncelées la dernière guerre; mais tant que le pays restera sous la même domination, cette ville ne pourra devenir une échelle importante, attendu la difficulté des communications par terre, et peut-être aussi la crainte qu'inspirent aux caboteurs les Magnotes et autres forbans dont cette côte fourmille.

Cependant cette place, dont a fait la résidence du consul-général de la Morée, seroit intéressante par sa situation à l'entrée de l'Archipel et de l'Adriatique; elle formeroit une espèce de vedette avancée qui domineroit les deux mers, les vaisseaux qui se dirigent vers le Levant étant forcés de reconnoître le cap Matapan, qui sert également de point de reconnoissance à ceux qui vont dans l'Adriatique. Coron se trouve en effet bien situé pour observer tous les mouvemens maritimes dans la Méditerranée (1). De plus, ses opérations commerciales pourroient coïncider, d'un côté, avec Napoli de Romanie, dont la position facilite les relations avec toutes les îles de l'Archipel et le reste de la Grèce; et d'autre part, avec Patras qui seroit l'entrepôt du commerce de l'Adriatique et des îles Vénitiennes.

---

(1) En 1770, le consul français fut le premier qui aperçut l'escadre russe, et donna l'éveil au reste de la Morée.

Maintenant toute industrie est éteinte. Les Turcs, du haut de leur forteresse, répandent la terreur sur les Moraïtes, qui n'ont tenté un moment de secouer le joug que pour en éprouver davantage la pesanteur.

Voici un exemple de la manière dont les Turcs administrent la justice, et des vexations qu'ils exercent envers les Grecs.

Nous nous promenions hier au soir sur le môle, lorsque nous avons entendu des gens qui paroissoient se plaindre et proférer des imprécations. Une lumière nous a guidés vers la maison du commandant du port, d'où venoit le bruit : nous avons pénétré dans une espèce de caveau humide; une lampe de fer, suspendue à la voûte, éclairoit une scène de douleur. Deux malheureux Moraïtes, presque nus, étoient assis par terre sur quelques brins de paille : leur jambe droite étoit pressée entre deux poutres cadenassées, et ils avoient un collier de fer, d'où pendoit une lourde chaîne qui leur permettoit à peine de s'étendre. Leurs mains étoient libres, et ils dévoroient en ce moment quelques alimens grossiers que la femme de l'un d'eux venoit de leur apprêter. Elle étoit assise, et présentoit le sein à un jeune enfant qui, épouvanté par le bruit des chaînes, faisoit retentir les voûtes de ses cris. La mère pleuroit aussi, et les prisonniers blasphémoient. En sortant de ce séjour du désespoir, nous nous sommes informés du crime que ces gens devoient avoir commis : *Aucun*, nous a-t-on répondu ; seulement le bruit a couru, mais on ne sait sur quel fondement, que ces Grecs, ayant découvert un trésor, en avoient fait part au bey pour l'engager à se taire, la Porte s'arrogeant la propriété de ces sortes de découvertes. Le bey, interpellé, a nié le fait, et, pour mieux se disculper, a condamné ces malheureux, malgré leur dénégation absolue, à rester détenus jusqu'à ce qu'ils aient livré le trésor, sans doute imaginaire.

Détournons nos regards de cette scène, et portons-les vers ces monts où s'est réfugiée l'énergie grecque.

La chaîne caverneuse du Taygète (1) s'élève en face de Coron, à l'autre extrémité du golfe : l'aspect en est aride ; les cimes, couvertes de neige, sont souvent cachées dans les nuages, et parfois les dominent. Le caractère de grandeur sauvage que portent ces montagnes, contraste avec les plaines fleuries qui s'étendent à leurs

---

(1) Le mont Taygète domine toute cette partie : on le nomme *Agios Elias*, à cause d'un couvent en l'honneur de Saint-Elie, qui n'est guère fréquenté par les Magnotes qu'en juillet. Les neiges qui couvrent les chemins, la majeure partie de l'année, les rendent impraticables dans d'autres saisons. Au pied de ces montagnes, il existe de vastes grottes, célèbres chez les anciens.

pieds : il les fait paroître propres à servir de retraite aux descendans des Spartiates (1). Les Magnotes ne s'y sont retirés que pour conserver leur liberté. Ils habitent des plateaux élevés ou des gorges profondes et resserrées, dont les défilés peuvent être gardés par un petit nombre d'hommes hardis, contre des armées entières qui seroient détruites en détail avant de parvenir à forcer ces retranchemens naturels.

Souvent en rébellion contre les Turcs, leurs ennemis implacables, les Magnotes ont sans cesse les armes à la main. Les enfans sont exercés à manier l'épée avant d'avoir la force de conduire la charrue, et les femmes elles-mêmes, dans les dangers imminens, se mêlant parmi les guerriers, secondent et encouragent leurs époux et leurs fils. La surveillance la plus active prévient les surprises, et un animal fidèle,

---

(1) Au pied du mont Taygète, à environ une demi-lieue de Mistra, se trouvent les tristes ruines de la fameuse Sparte, qui sont recouvertes, en partie, par les sédimens que la pluie et le temps y ont amoncelés. On n'aperçoit à leur superficie que les restes d'un aqueduc fort dégradé, quelques vieux murs en briques, et d'autres en pierres. Plus loin cependant, sur les hauteurs, on voit d'antiques constructions mieux conservées, qui ont l'apparence de forteresses. Dans la plaine, l'Eurotas coule au milieu de débris, et n'est plus lui-même qu'un ruisseau. On le traversoit sur un très-beau pont, en partie renversé, mais dont les restes font juger que le fleuve étoit autrefois beaucoup plus large. ( *Note communiquée par M. de Bermont.* )

vigilant et courageux les avertit, par ses aboiemens, des piéges, de la marche des ennemis, et, rôdant autour de leurs habitations, forme une espèce d'avant-garde qu'il est impossible de surprendre.

Les mœurs des Magnotes sont simples, frugales et austères. Ce peuple, plongé aujourd'hui dans la plus profonde ignorance, est superstitieux et fortement attaché aux opinions de ses pères. Celle qui a trait à leur indépendance, enracinée depuis la plus haute antiquité dans le cœur de cette nation, a un tel empire sur l'esprit de tous, qu'ils se sacrifieroient volontiers pour la maintenir et la défendre.

Les Magnotes sont vindicatifs ; ils ne pardonnent jamais le meurtre de leurs parens, se font un point d'honneur de les venger, et se laissent croître la barbe jusqu'à ce qu'ils aient éteint leur haine dans le sang du meurtrier ou de quelqu'un de sa famille. Sont-ils trop foibles pour se venger eux-mêmes ? ils s'associent alors des jeunes gens robustes et d'une famille respectable. Ils croient sanctifier cette action par les prières de leurs prêtres : des sermens mutuels de fidélité, qu'ils cimentent en buvant leur propre sang, les lient étroitement ; ils deviennent plus que frères, et s'engagent à se secourir, au péril de leur vie, contre leurs ennemis communs. Les mères élèvent leurs enfans dans les mêmes sentimens. Cet esprit vindicatif qui anime les habitans du Magne, entretient leur haine contre les Turcs : ils se méfient même les uns des autres ; ce qui contribue à leur faire mener une vie isolée au sein de leur famille ou avec les gens de leur parti.

L'aridité du sol sur lequel ils vivent, propage parmi eux la rapine et le brigandage auquel ils sont enclins, et qui forme leur principal caractère. Cependant ils respectent, dans leurs incursions, les étrangers qui sont liés d'amitié, et par une sorte de compérage (1), avec les principaux d'entre eux, et accueillent avec distinction ceux qui, présentés par leurs voisins, viennent leur demander un asile. Ils emploient alors tous leurs moyens pour les défendre ; ils braveroient les plus grands dangers plutôt que de les livrer à la persécution de leurs ennemis. Mais lorsque, sans avoir ces titres, on aborde sur les terres du Magne ; lorsqu'un bâtiment, poussé par la tempête, échoue ou qu'il est contraint de se réfugier dans leurs ports, il est aussitôt dépouillé, désagréé, et les prisonniers sont détenus dans des puits jusqu'à ce qu'ils

---

(1) Qu'ils contractent en partageant, comme les anciens, le pain et le sel avec un étranger.

puissent payer une rançon. Néanmoins, dans le Haut-Magne, dont les habitans sont pour la plupart commerçans et plus civilisés, il est des ports qui sont fréquentés, sans une certaine crainte, par les vaisseaux marchands qui y vont acheter des huiles.

Les femmes magnotes sont très-laborieuses, sages et vertueuses : ce sont elles qui font tous les travaux de l'intérieur du ménage, et souvent même ceux du dehors, les hommes n'étant guère occupés que des armes et de la maraude.

L'invasion des Albanais en Morée fournit plus d'un exemple de l'horreur que ces femmes ont pour l'esclavage, de leurs principes et de la répugnance invincible qu'elles ont à se livrer à des étrangers, et surtout à leurs ennemis. Plusieurs se firent avorter, noyèrent et étouffèrent leurs enfans pour avoir plus de facilité à se sauver, et se sauvèrent en effet à travers tous les périls imaginables. Elles s'accoutument aussi au maniement des armes, et on a vu plusieurs femmes magnotes qui n'avoient pu s'en procurer, avoir la constance de prêter leurs épaules à l'appui du fusil de leur frère ou de leur mari, afin que le coup partît avec plus de sûreté.

Le gouvernement du Magne réside essentiellement entre les mains des capitaines, seigneurs issus des anciennes familles de ce pays. Ils commandent dans les villages de leurs capitaineries, y exercent tous les droits féodaux d'usage, et perçoivent les impositions de leurs vassaux. Cependant il existe, dans ce gouvernement, une espèce de contradiction avec les sentimens d'indépendance qui animent les Magnotes. La Porte a conservé l'ombre de la domination qu'elle cherche toujours à ressaisir; et le Magne, pour respirer un moment après les guerres cruelles qu'on lui suscite sans cesse, consent à reconnoître un chef nommé par le Grand-Seigneur. Les Magnotes influent néanmoins sur le choix de ces chefs pris parmi eux, ou plutôt ce sont eux-mêmes qui les nomment.

Ces chefs prennent le titre de beys : ils sont chargés de l'exécution des ordres du Grand-Seigneur, et de verser dans le trésor le produit de l'imposition générale; mais ils sont très-peu exacts à s'acquitter de ce devoir. Au reste, ces gouverneurs temporaires n'ont d'autre autorité que celle que leur donnent leurs richesses ou la quantité de vassaux qu'ils peuvent armer. Quant à l'administration particulière de ce pays, elle n'a rien de remarquable, et tout se décide par l'opinion des chefs ou par le sort des armes (1).

---

(1) C'est avec confiance que je donne ces détails sur les mœurs des Magnotes, les tenant de M. de Bermont, consul-général de France en Morée.

Vue de la Citadelle de Coron prise du mouillage.

## LETTRE L.

Coron.

Visite au bey de Coron. — Danse pantomime grecque.

M. DE BERMONT nous a présentés aux négocians établis à Coron et à quelques familles grecques. Nous avons trouvé avec plaisir une société choisie au milieu d'une contrée barbare; et, dans la maison de notre consul, la cordialité et la gaîté françaises. Nous avons aussi été faire une visite au bey, qui nous a permis de parcourir la citadelle : elle n'est pas en aussi mauvais état que celle de Malvoisie, et il seroit aisé de la rendre très-forte, car elle est construite sur un rocher avancé en mer, qui commande la ville et tous les environs. On peut juger de sa situation par une vue de la ville de Coron, prise de la tour Ronde, ainsi que par mon deuxième dessin de cette ville, qui présente l'aspect de la citadelle du côté de la mer (*Pl. LV*) (1), et qui indique l'espace con-

---

(1) Le dessin (*Planche LIV*), et la vue du château de Coron (*Planche LV*), prise de la mer, peuvent, en se réunissant,

sidérable qu'occupent les fortifications. En effet, leur enceinte forme une seconde ville, qui peut servir, au besoin, de refuge aux habitans de la ville basse : il y a plusieurs mosquées, des bains publics, un bazar, et nous avons remarqué une fontaine abondante, dont les eaux sont apportées par un aqueduc antique. Cette fontaine pourroit être la même que celle dont la source, au rapport de Pausanias, se trouvoit au pied d'un platane, et en recevoit son nom.

La porte d'entrée de la citadelle de Coron, indépendamment de son aspect pittoresque (*Planche LVI*), est d'un style qui a quelque rapport avec les portes de Constantinople, où l'on remarque de même l'arc ogive, l'un des caractères des constructions du Bas-Empire ; mais le reste de la décoration de cette entrée doit être attribué aux Vénitiens. Elle consiste en quatre piédroits, surmontés de boules, que l'on retrouve aussi au-dessus de l'arc, posées sur trois créneaux de forme contournée ; deux piédestaux, dont un est ruiné, supportoient, à ce que je suppose, le fameux lion de Saint-Marc, qui sert d'ornement à la plupart des monumens de Venise. Ce n'est pas sans raison

---

donner le développement de l'aspect général de la citadelle, de la ville, et du commencement de la chaîne des montagnes du Magne.

Pl. 56.

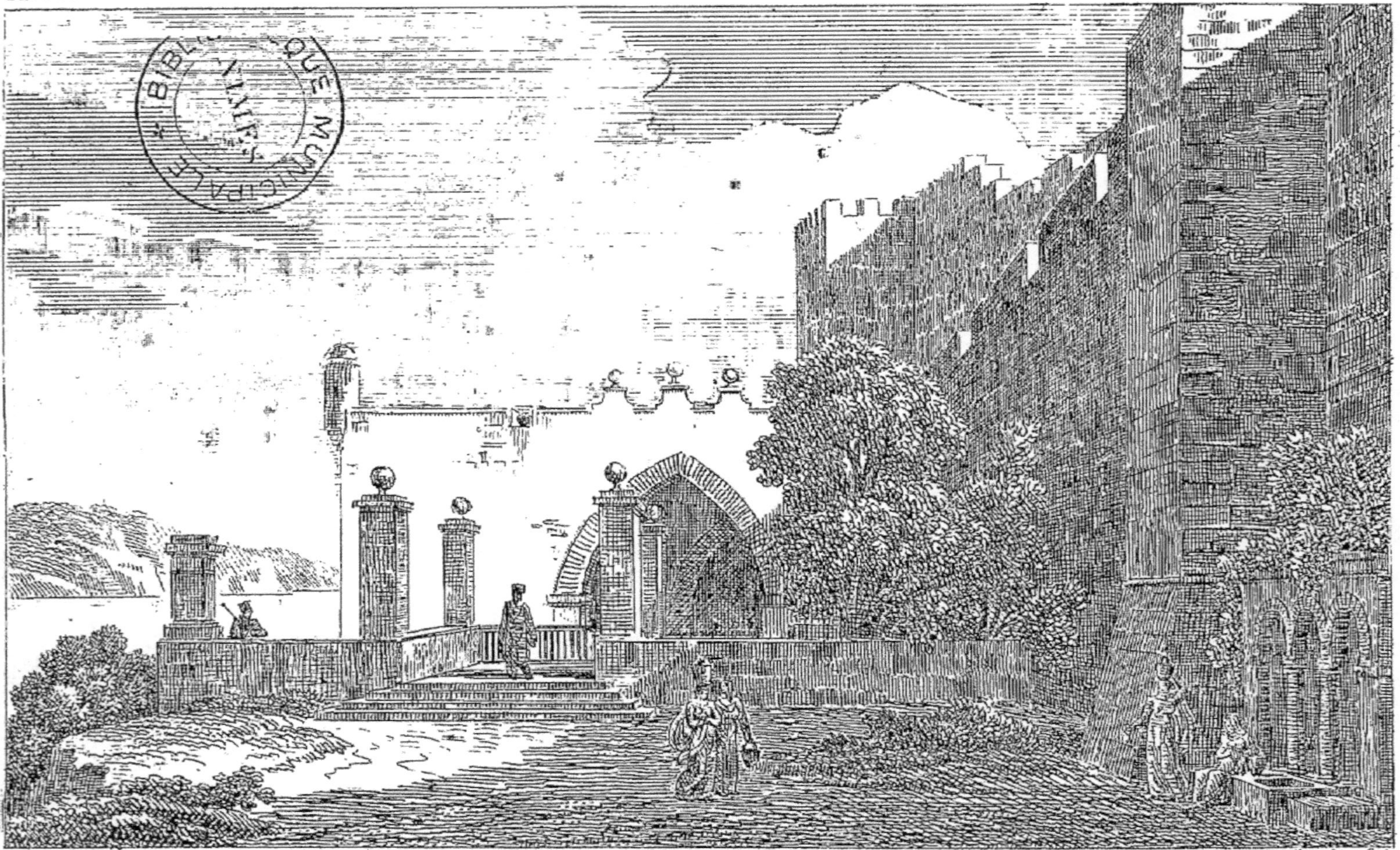

Castellan del. et sculp.

Porte de la Citadelle de Coron.

que j'attribue cette décoration aux Vénitiens; son analogie est frappante avec celle de la porte de l'arsenal de Venise, où l'on retrouve les boules, les piédestaux supportant les lions, et la même forme dans l'amortissement du sommet de la porte. Quant à la petite fontaine, qui fait partie du même dessin, elle paroît d'une construction postérieure, et a quelque rapport avec plusieurs autres monumens du même genre que nous avons vus à Gallipoli.

Le bey a fait exécuter en notre présence une danse singulière, qu'on peut nommer danse pantomime (1). Les Grecs modernes ont conservé la plupart des danses anciennes, qui prenoient leur nom de l'action qu'elles représentoient (2).

Je me bornerai à vous parler de celle-ci, qui exprime une action simple, et d'ailleurs si bien représentée, qu'il est difficile de se méprendre au sujet. C'est une scène supposée se passer entre un amant et sa maîtresse; elle

---

(1) On sait que les anciens faisoient grand cas de ce spectacle : on avoit même l'usage, en Grèce et en Italie, autrefois comme aujourd'hui, d'accompagner ses discours de gestes et de mouvemens, et on les multiplioit beaucoup plus que nous ne le faisons. Ces gestes étoient soumis à de certaines règles, et faisoient une partie essentielle de la *Chironomie*, l'ancienne pantomime. Lucien : *Danse des anciens*.

(2) Telles que la *danse d'Ariane*, la *Pyrrhique*, etc., encore en usage chez les Grecs modernes. ( Guys : *Lettres sur la Grèce*.)

étoit exécutée par deux jeunes gens (1). On choisit de préférence, pour jouer ces rôles, ceux qui, par leur figure ou leur jeunesse, peuvent le mieux prêter à l'illusion des sexes. A l'instant de la déclaration, l'amant étoit accroupi, presque à genoux, et, dans cette position, il tournoit, faisoit des contorsions bizarres; l'autre, qui remplissoit le rôle de femme, affectoit les minauderies et les grâces analogues à la circonstance. Cette scène étoit plaisante, mais elle s'est terminée par des actions peu décentes, et qui sont celles que les Turcs applaudissoient avec le plus d'ardeur, encourageant et excitant les danseurs par toutes sortes de moyens.

Tout ce qui tient à ce genre d'imitation est fort en vogue dans le Levant, et particulièrement en Grèce : c'est l'amusement habituel de la société. J'ai remarqué un jeu qui a du rapport avec celui que nous nommons jeu des *Métiers*, mais qui, perfectionnné, devenoit parfois une vraie pantomime historique. J'ai vu jouer de cette manière des actions compliquées, exécutées par un grand nombre d'acteurs, représentant des faits de la mythologie grecque, des

---

(1) Cette danse rappelle l'ancien théâtre grec, où l'on faisoit jouer les rôles de femmes par des hommes.

scènes familières ou anecdotiques. Les femmes grecques excellent dans ces amusemens : mettant de côté la timidité naturelle à leur sexe, elles s'animent par degrés, et expriment diverses passions avec une perfection et une énergie étonnantes.

# LETTRE LI.

Coron, 22 juin.

Effets du Siroco (vend du sud-est). — Bains de mer; leur salubrité.

Nous avions éprouvé déjà de violentes chaleurs. A notre retour de Constantinople nous fûmes surpris par le calme entre Ténédos et la côte de Troie. L'ardeur du soleil étoit telle, que le goudron dont étoit revêtu le vaisseau, devenoit liquide ; les pompes jouoient continuellement, et l'évaporation de l'eau qui inondoit le pont, rendoit la chaleur moins étouffante. Dans ce cas, tous les feux sont éteints ; les Turcs s'abstiennent même de fumer la pipe ; car la plus légère étincelle pourroit tout embraser dans l'espace de quelques minutes. Nous avions aussi la ressource de nous baigner, et encore falloit-il plonger souvent pour ne pas risquer d'avoir des vertiges. Ce n'étoit rien cependant en comparaison de ce que nous avons éprouvé hier. Nous nous sommes décidés à faire une assez longue course malgré les remontrances de M. de Bermont, qui nous dit que le *Siroco* pouvoit nous incommoder. Le thermomètre de Réaumur étoit monté depuis plusieurs jours de 30 à 35 degrés. Nous sommes néanmoins partis dès le matin, nous dirigeant vers la belle plaine de Nissy, où nous devions trouver de l'ombrage. Ayant fait beaucoup plus de chemin que nous ne pensions, et midi approchant, nous avons songé à revenir à Coron, rapportant de notre promenade quelques dessins nouveaux et des insectes curieux. Tout à coup le vent cesse ; une brume rougeâtre couvre l'horizon ; les rayons du soleil, tombant perpendiculairement sur nos têtes, les frappent avec plus de force. Avertis par les oiseaux qui se cachoient sous les feuillages les plus épais, nous nous hâtons nous-mêmes de chercher un abri ; mais l'ombre des arbres est insuffisante : les grottes, au lieu de fraîcheur, renferment et exhalent une vapeur enflammée ; enfin, la bouche sèche, les paupières brûlées par la réverbération du soleil, nous nous précipitons, tout haletans, sous la saillie d'un rocher, incapables d'aller plus loin, ni même de faire le moindre mouvement.

> Tout est morne, brûlant, tranquille, et la lumière
> Est seule en mouvement dans la nature entière.
>
> SAINT-LAMBERT, *Sais.*, liv. II.

Le mal indéfinissable que nous éprouvions, absorboit totalement nos facultés : nous étions consumés d'une soif ardente, et nous ne pouvions l'étancher qu'en changeant de place ; ce qu'il nous étoit impossible d'entreprendre. Nous sommes restés dans cet état d'anéantissement pendant près d'un quart-d'heure, et je ne sais si nous aurions pu résister plus long-temps à ce supplice, lorsqu'une ligne grisâtre, que nous avons aperçue dans l'éloignement sur la mer, nous a rendu l'espérance en nous annonçant le vent du nord-est. En effet, l'air a été bientôt rafraîchi : aussitôt nous nous sommes levés pour mieux respirer cet air vivifiant ; il nous a rendu le courage avec les forces, et nous en avons profité pour courir à la source la plus voisine. Chacun de nous y a plongé ses bras et sa tête tout entière, et nous nous y sommes désaltérés avec délices.

Dans des pays situés à cette latitude (1), les bains deviennent un besoin. L'aurore nous surprend rarement dans nos lits. Dans ce moment le plus délicieux de la journée, nous mettons en pratique un des préceptes du Coran, bien adapté aux mœurs et au climat, et, comme les Turcs,

---

(1) La Morée est située entre le 36e et le 39e degré de latitude.

nous faisons notre ablution. A peu de distance de la ville se trouve une espèce de crique que forment des roches creusées par les vagues, et couronnées d'arbustes odorans. C'est là que nous prenons le plaisir du bain. Dans ce moment le soleil ne lance encore que d'obliques rayons tempérés par le vent de terre, qui, passant sur la tête gelée des montagnes, y contracte une agréable fraîcheur. Nous apportons aussi quelquefois notre déjeuner en cet endroit ; nous y restons alors une partie de la matinée, occupés à lire, à dessiner, jouissant en même temps de la vue de la ville de Coron, de celle de l'immense golfe et des montagnes qui l'entourent, dont l'aspect semble changer à mesure que le soleil tourne et les éclaire diversement.

Nous avons éprouvé que les bains de mer sont très-salutaires : bien loin d'affoiblir, comme les bains d'eau de rivière, ils donnent de nouvelles forces, et sont ordonnés, dans le Levant, pour plusieurs maladies. Nous avons même éprouvé qu'en buvant parfois, malgré nous, quelques gorgées de cette eau, elle ne nous incommodoit pas ; elle nous purgeoit légèrement, et ne faisoit ensuite qu'exciter notre appétit. Je suis persuadé que les bains de mer seroient plus généralement utiles pour la santé que certaines eaux minérales (1).

---

(1) On a reconnu depuis peu de temps, en Angleterre, l'excellence des bains de mer. On en a établi sur plusieurs points de la côte, dans les endroits les plus agréables, et on y accourt en foule : on les préfère même aux eaux minérales, parce qu'ils sont à la portée de tout le monde, et qu'on peut choisir le local, et s'y procurer, à moins de frais, les agrémens et les commodités nécessaires.

## LETTRE LII.

Coron, 23 juin.

Plaine de Nissy. — Ruines de thermes antiques. — Maison de plaisance du bey de Coron. — Jardins. — Kiosque. — Machine à arroser. — Pêche et chasse de nuit.

Notre société s'est augmentée d'un nouveau commensal, le chancelier *drogman* ou interprète du consulat : il s'est concerté avec nos hôtes pour nous procurer avant notre départ le plaisir d'une partie de campagne dans l'intérieur du pays. C'est encore vers la plaine de Nissy (1) que nous devons nous diriger. Je doute que la célèbre Arcadie, que nous devons parcourir, nous présente des sites aussi agréables. Le but de notre course est une maison de plaisance du bey de Coron : il ne l'habite pas en ce moment, et nous pourrons la parcourir en entier. J'ai déjà décrit une de ces maisons qui se trouve proche Napoli de Malvoisie, mais

---

(1) Bourg moderne, situé dans un endroit voisin de l'embouchure de l'ancien *Pénée*, et qui appartenoit à l'ancienne *Messénie*.

elle est abandonnée, et nous n'avons pu jouir que de l'agrément de sa situation : celle-ci est bien entretenue et meublée. Les jardins sont en bon état, et elle peut nous faire juger de cette partie du luxe turc.

Nous sommes partis à la pointe du jour, les uns dans une caïque couverte d'un tendelet, les autres à cheval. J'ai préféré cette dernière manière de voyager, qui me mettoit à portée de mieux voir le pays. L'air frais étoit embaumé par les fleurs du myrte, de l'oranger et d'autres arbres odoriférans. La route suivoit les bords de la mer, ou s'égaroit sous ces charmans ombrages.

Après avoir fait plusieurs milles, nos guides nous ont montré de loin les tourelles de la maison du bey. En ce moment j'ai aperçu des ruines sur les bords du chemin : c'étoient les restes de thermes que j'ai lieu de croire antiques, au moins à en juger par la solidité et le style de ces constructions. La plupart des murs sont en briques, et revêtus intérieurement d'un beau ciment couvert de stuc, où l'on retrouve des peintures d'ornement. J'ai remarqué la place des fourneaux et des tuyaux de terre cuite, qui distribuoient la chaleur dans les différentes chambres. J'avois trop peu de temps pour lever le plan et reconnoître les détails de cet édifice, et mes compagnons de voyage me sollicitoient de les rejoindre, le reste de la compagnie s'étant réuni : bientôt après nous sommes arrivés au but de notre voyage. Cette maison présente l'aspect d'un château fort, garni de tourelles à chacun de ses angles, et entouré d'un fossé que l'on traverse sur un pont-levis. La première chose que nous avons remarquée en entrant, est un hamac suspendu sous un vestibule aéré. C'est là que s'endort la mollesse orientale pendant les grandes chaleurs. Ce hamac est formé par un vaste filet que des esclaves balancent. L'air agité se rafraîchit, et le mouvement réglé de l'oscillation provoque le sommeil.

L'usage de la balançoire est aussi très-répandu dans le Levant. Dans la plupart des maisons on trouve une salle destinée à ce jeu, pour lequel on se contente souvent d'une planche assujettie sur une corde lâche.

L'origine de ce jeu est antique, et il s'est perpétué chez les Levantins par le besoin qu'on a de la fraîcheur, ou pour se donner sans peine un exercice salutaire. Les Turcs détestent la promenade, ne savent que courir à cheval, faire un exercice violent ou rester dans le repos le plus absolu. La balançoire a l'avantage d'un mouvement modéré, précieux surtout pour les femmes que leurs mœurs rendent très-sédentaires.

La maison est assez bien distribuée et proprement meublée à la manière des Turcs. La principale pièce est grande, ornée d'une boiserie ciselée sur des dessins arabesques, et même marquetée. Les fenêtres donnent sur le jardin et sur une campagne fertile : les volets sont ordinairement fermés dans le milieu de la journée, et le jour ne pénètre alors qu'à travers des ouvertures pratiquées au-dessus des fenêtres, et garnies de vitraux colorés. Aux deux angles de la chambre se trouvent d'étroits cabinets situés dans les tourelles en saillie, et percés de meurtrières : ces tourelles servent de magasin d'armes, de guérite et de retranchement.

Bientôt après l'on nous a annoncé le dîner. Il n'existe dans les maisons turques ni tables ni chaises : on nous fit asseoir au milieu de la chambre, sur un tapis et des coussins. D'ailleurs, on vouloit nous traiter à la turque. Un cuisinier de cette nation a fourni les meilleurs mets qu'il sût faire, et l'on a servi, sur un grand plateau argenté, du pilau, des viandes rôties, des gâteaux à l'huile, diverses espèces de fromages et de superbes fruits du jardin. Nous avons ensuite cédé au besoin impérieux du sommeil, et avons fait la méridienne sur le *divan* (1). A notre réveil la chaleur étoit passée, et nous sommes descendus dans les jardins : ils sont assez bien cultivés, présentent le coup-d'œil des jardins à l'anglaise, et sont plantés des plus beaux arbres du pays. Une longue treille qui forme plusieurs détours, conduit à des places destinées à la prière ou au repos. Ici on rencontre un kiosque, là une fontaine, plus loin un monticule abrité par des arbres touffus.

Le kiosque est octogone, couvert d'un toit saillant ; les croisées sont fermées par des persiennes qui procurent un demi-jour, encore adouci par l'ombre légère de plantes grimpantes, telles que la fleur de la passion et le chèvre-feuille, qui entourent les fenêtres. Ce kiosque est décoré à l'intérieur avec un goût exquis : on y a peint un dôme de treillage doré, où des tiges de jasmin s'entrelacent et se détachent sur un fond d'azur. Le divan est couvert d'une étoffe de soie brochée en argent, et sur la tablette qui règne autour sont des vases où croissent des fleurs. Au milieu de la pièce un bassin de marbre, d'où s'élève un jet d'eau, rafraîchit encore l'atmosphère. Cette décora-

---

(1) Estrade élevée d'environ six pouces, couverte de matelas, coussins et tapis. Elle règne autour de l'appartement, ou en occupe le fond.

tion ne dépareroit pas nos plus élégans boudoirs.

Plus loin la même treille nous a conduits à un réservoir, dont les bords sont garnis de gazon, de fleurs, et ombragés par des châtaigniers.

Enfin, nous sommes parvenus à un endroit élevé, où une machine fort simple fournit l'eau en abondance à plusieurs autres réservoirs qui déversent l'un dans l'autre.

J'ai déjà fait connoître en détail cette machine, que je n'ai vue que dans le Levant (1); elle y a peut-être été transmise d'âge en âge, comme beaucoup d'autres procédés relatifs aux arts et à l'industrie.

Nous n'avons pas pénétré dans le harem; mais l'on nous a conduits sur une terrasse élevée, où se promènent les femmes. Cette terrasse est garnie, dans toute sa longueur, de treillages de cannes, soutenus par des pilastres en briques. On voit de ces espèces de galeries

---

(1) Dans l'Asie mineure, le long du Tigre, pour puiser de l'eau on se sert de chapelets, différens des nôtres, en ce qu'ils sont formés avec des outres. (Sestini, *Voyage à Bassora*.) Au reste, les chapelets ou puits à roue, dont on fait usage principalement dans nos provinces méridionales de la France, sont les mêmes que ceux d'Egypte, d'où nous les avons tirés, ainsi que l'indique l'analogie du nom, qui est en Egypte *pousaraques*, et en Languedoc *pousarenques*. La machine dont il est ici question est beaucoup plus simple que ces dernières. Voir la *Planche LII*, qui offre la vue du jardin du bey.

grillées dans la plupart des palais turcs : les cannes sont croisées et assez serrées pour empêcher de distinguer les femmes ; et même, pour distraire encore plus l'attention en la partageant, on peint, avec des couleurs tranchantes, à l'extérieur de ces mêmes treillages, des vases de fleurs ou d'autres ornemens (1).

Il seroit trop long de décrire en détail le reste de la maison : il suffit d'observer que rien de ce qui est utile ou agréable, suivant les usages turcs, n'y est oublié.

Nous sommes partis au soleil couchant, nous dirigeant vers la mer par le chemin le plus court : nous y avons retrouvé la caïque, où nous nous sommes réunis. Notre traversée sur le golfe a été une promenade que la fraîcheur du soir, les effets qu'offroit la lune à son lever, et la joie qui nous animoit tous, ont rendue fort agréable.

En approchant de la ville nous avons été surpris de la voir illuminée, d'une manière irrégulière à la vérité, mais assez neuve, car les clartés changeoient de place, se croisoient en tout sens, et leurs reflets, brisés par les eaux de la mer, formoient un spectacle singulier, dont on vouloit nous laisser deviner la cause.

---

(1) Voir la *Planche XLVII*.

C'est seulement en arrivant à terre que nous avons reconnu que c'étoient des pêcheurs, en assez grand nombre, presque nus, armés d'un trident, et tenant de l'autre main une lampe allumée. Ils étoient dans l'eau jusqu'à mi-corps, et parcouroient la côte, cherchant à surprendre les poissons éblouis par cette vive clarté. Leur trident est le même que celui que l'on donne à Neptune : ils s'en servent avec adresse, et manquent rarement leur coup, quoique l'instrument ne sorte pas de leurs mains. Ils pêchent aussi des polypes ou pourpres, et des coquillages qu'ils distinguent fort bien dans les anfractuosités des rochers. A leur côté est suspendue une grande courge creusée, ou un havresac, pour recueillir leur pêche.

Les Grecs ont plusieurs autres manières de pêcher, dont la plupart nous sont connues, et c'est à eux que l'on doit la première idée et l'invention des *madragues* (1), qu'ils forment en joncs et branches de saules entrelacées.

Les Grecs pratiquent aussi, nous a-t-on dit, une chasse de nuit, qui a quelque rapport avec la pêche que je viens de décrire. A l'endroit le plus resserré du défilé des Thermopyles,

---

(1) C'est du nom de *mandra*, qu'ils donnent à ces sortes d'enceintes ou enclos, d'où le poisson, une fois entré, ne peut plus ressortir, qu'on a fait le nom provençal de *madrague*.

qui est à peu près tel qu'il étoit autrefois, c'est-à-dire entre des rochers fort élevés et la mer, qui s'est cependant un peu retirée, se trouve un espace de terrain inondé de quelques pieds d'eau, et où les habitans des environs sèment et récoltent du riz : là, vers l'hiver, les canards se rassemblent en troupes nombreuses; alors les paysans vont à la chute du jour, et se distribuent deux par deux dans l'eau de l'étang; l'un tient d'une main un flambeau allumé, et de l'autre une cloche assez forte; son compagnon ne porte qu'un grand sac. Aussitôt qu'ils sont ainsi dispersés, ils agitent, tous à la fois, leurs cloches avec vivacité. Les canards, étonnés, surpris, s'élèvent, voltigent quelque temps; et, attirés par la clarté des flambeaux qui les éblouit, étourdis par le bruit, ils viennent bientôt tomber auprès des chasseurs. Celui qui a les mains libres n'a autre chose à faire qu'à prendre l'oiseau par les ailes, et le mettre tout vivant dans son sac. Ils en prennent de cette manière une quantité si prodigieuse, que le lendemain d'une chasse pareille un gros canard ne se vend que la valeur de trois liards de France.

# LETTRE LIII.

Coron, le 25 juin.

Départ de Coron. — Chevaux turcs; manière dont ils sont enharnachés. — Plaine de Coron. — Village de Karakapio. Veine de marbre blanc. — Ville de Modon. — Halte nocturne. — Description d'un campement de Moraïtes nomades. — Aventures d'un chef de parti dans la guerre de 1770.

Une occasion favorable qui s'est présentée pour passer à l'île de Zante, nous a rappelé qu'il falloit continuer notre voyage. Notre première intention, en débarquant à Coron, étoit de traverser la Morée, et de nous rendre à Athènes par l'isthme de Corinthe. M. de Bermont nous a dissuadés de ce projet. Nous avons également renoncé à celui de visiter les côtes occidentales de cette presqu'île jusqu'à Patras (1). Nous nous bornons à faire la route

---

(1) La ville de Patras, la plus septentrionale de la Morée, est très-heureusement située à l'entrée du golfe de Lépante, au centre de la Romélie, des îles Vénitiennes et de la partie méridionale de la Morée; aussi son commerce est-il des plus étendus de la presqu'île. On y compte trente mille âmes. Son terrain produit des raisins de

par terre de Coron à *Philatrea*, petite ville qui se trouve au pied des montagnes de l'Arcadie : là, nous nous embarquerons pour Zante. Les chemins à peine tracés, et souvent impraticables pour les bêtes de somme, ne nous auroient pas permis de transporter, par cette voie, nos malles, qui d'ailleurs auroient excité l'avidité des brigands qu'on rencontre fréquemment dans ce pays. Nous les avons confiées à un *caraboukier* ou patron, dont on nous a répondu. Nous lui avons donné rendez-vous à Philatrea : il vient de mettre à la voile, et nous nous disposons nous-mêmes à partir.

Le 26 juin.

A six heures du soir notre guide nous avertit que tout étoit prêt pour notre départ. Dans cette saison l'on voyage ordinairement la nuit : la chaleur, durant le jour, est insupportable, même pour les habitans du pays. Nos chevaux avoient une chétive apparence ; mais on nous a assuré, et nous en avons été convaincus par la suite, qu'ils étoient excellens pour ce pays de

---

Corinthe, des fromages, des laines, de l'huile d'olives, de l'eau-de-vie, du blé, de l'orge, du gros et du petit millet, du vermillon, de la gomme adragante, de la soie, du coton, du cordouan, de la cire, etc. ( *Note communiquée par M. de Bermont, consul-général de la Morée.* )

montagnes. Ils ont de l'adresse, le pied extrêmement sûr, et ce qu'on peut faire de mieux, c'est de leur laisser la bride sur le cou : aussi ont-ils l'habitude de ne marcher que la tête basse; ce qui leur donne la facilité de choisir la place où ils posent leurs pieds. Leur harnois consiste en une espèce de bât fort élevé, armé d'étriers larges et tranchans. Nous avions recouvert cette selle de couvertures de laine, qui devoient nous servir tour à tour de siége et de lit dans nos haltes nocturnes.

M. de Bermont avoit eu l'attention de faire suspendre à l'arçon des vases de bois (1) remplis d'excellent vin; il nous avoit aussi fourni d'autres provisions, et surtout du pain de froment, qui est rare dans l'intérieur du pays. Ce qui nous a le plus flattés, c'est le désir qu'ont témoigné nos amis de nous accompagner l'espace de quelques milles.

Notre caravane étoit peu nombreuse ; elle ne consistoit qu'en un Grec zantiote, qui parloit un assez mauvais italien, notre guide, mon camarade et moi. Nous étions tous bien armés, et n'avions qu'un léger bagage, précautions nécessaires dans ces contrées.

---

(1) On sculpte encore en Grèce, assez grossièrement, des vases en bois, et des tasses, dont la forme et les dessins rappellent les vases antiques : on peint même quelquefois ces vases, où l'on y incruste des morceaux d'ivoire, de nacre ou d'écaille.

Avant de nous quitter, M. de Bermont nous a donné encore des conseils sur la manière de voyager avec sûreté et agrément ; il nous a remis des lettres de recommandation pour les Primats des lieux où nous devions nous arrêter. Nous nous sommes souhaité réciproquement toutes sortes de prospérités, et n'avons pu nous quitter sans attendrissement. Notre guide impassible a donné, en sifflant, le signal de la marche, et nos chevaux ont repris leur allure réglée à travers la plaine fertile de Coron. Il avoit plu dans la journée; la terre étoit rafraîchie ; les vents du soir balançoient la tête des palmiers et les guirlandes de pampre jetées d'un arbre à l'autre ; ils faisoient ondoyer les moissons de Doura, et les tiges élancées du calembrock (1) que l'on coupoit en ce moment.

---

(1) Je ne connois point de description du *calembrock*, au moins sous ce nom, qui est celui qu'on lui donne dans le pays. C'est une plante céréale, dont le port ressemble à celui de certains joncs. Les feuilles, longues et pointues, sont attachées immédiatement, et alternées le long d'une tige élevée et forte. L'épi forme une tête qu'on peut comparer à celle de l'oignon en graine. Le pain de farine de calembrock est savoureux, mais bis et indigeste; ce qui tient peut-être à la manière dont il est préparé.

Belon, liv. II, pag. 156, décrit une plante céréale qui a beaucoup de rapport avec le calembrock.

« En Cilicie, dit-il, on récolte un grain qui ressemble au *sorgo*
» de Lombardie; mais ce dernier est rougeâtre, et l'autre blanc. En
» arabe, il s'appelle *kureoman*. Le chaume est gros comme le pouce:
» on en fait du feu. Avec la farine on pétrit des galettes extrême-

3.

Nous avons rencontré des paysans qui revenoient de leurs travaux, et conduisoient des chariots remplis de gerbes, portés sur deux roues pleines, et semblables, pour la forme, aux chariots étrusques : ils étoient traînés par des bœufs dont la tête étoit ornée de palmes ou d'une baguette recourbée en arc, d'où pendoient des réseaux et glands de laine. Ces bonnes gens nous saluoient amicalement, et ne manquoient pas de crier : *Calispera, calinicto*, bon soir, bonne nuit, que nous répétions avec eux. Ils se rendoient à un petit village qu'on nous a nommé *Karakapio*, village moderne, et où les habitans formoient les mêmes vœux en nous voyant passer.

A quelques milles de cet endroit la nuit nous a surpris ; cependant la clarté de la lune nous

---

» ment minces, qu'on fait cuire au soleil ou à la manière des soldats
» romains, qui chauffoient une tuile au feu, soutenue par deux
» pierres, en étendant la pâte dessus. Le même blé croît en Epire
» ou en Albanie : on en apporte à Corfou, pour en nourrir les
» pigeons. »

Le calembrock a aussi quelque ressemblance avec la *hougue* à épi, *holcus spicatus*, connue aussi sous le nom de *couscou* dans l'Afrique, et de *mil à chandelle*, à cause de son épi alongé. Ce couscou est une nourriture des Africains, et il a été, depuis, transporté en Amérique. Il diffère du calembrock, parce que l'épi de celui-ci est de forme sphérique ou ovale, et que celui du couscou est beaucoup plus alongé. La forme de l'*alpisse*, *phalaris canariensis*, est plus ovale ; mais on ne croit pas qu'il puisse également servir à la nourriture des hommes.

permettoit de voir le pays à une grande distance : il étoit moins riche de culture, et plus agréable sous le rapport pittoresque. Nos chevaux se suivoient avec précaution, précédés du guide qui les animoit du geste et de la voix. La route, tracée dans une gorge sauvage, étoit souvent traversée par les ruisseaux qui tomboient des hauteurs.

A peu de distance de la ville de Modon (1), nous avons distingué à travers les arbres, et entre l'ouverture de deux rochers, une ligne d'une blancheur éclatante, que nous supposions être un ruisseau qui réfléchissoit le disque de la lune ; mais notre conducteur nous a affirmé que c'étoit une immense veine de marbre blanc, découverte par les eaux rapides d'un torrent maintenant tari. Bientôt nous avons aperçu, assez près de nous, les hautes tours crénelées de la ville de Modon, et nous entendions même les cris des *Muezzins* qui, du haut des minarets, faisoient l'office de garde de nuit, et intimoient aux habitans l'ordre d'éteindre leurs feux. Nous ne devions pas nous arrêter dans cette ville, qui, nous a-t-on dit, n'offre rien de curieux, et qui d'ailleurs a été fort maltraitée dans la dernière guerre. Ayant passé outre,

---

(1) L'ancienne *Méthoné*, qui appartenoit à la *Messénie*.

notre guide s'est enfoncé dans les montagnes pour abréger notre route, qui n'en devenoit que plus fatigante. Arrivé dans un vallon spacieux, il a jugé à propos de nous faire faire halte. Un poirier chargé de fruits devoit nous servir d'abri ; un ruisseau couloit auprès : ses bords, garnis d'herbes, offroient aux chevaux une nourriture abondante. Nous les attachâmes à l'extrémité de longues cordes, fixées en terre par des piquets. Nous avions besoin de repos, et nous nous sommes bientôt endormis, enveloppés dans nos couvertures. Le guide ne nous a réveillés qu'au soleil levant. Nos couvertures étoient pénétrées de la rosée, qui est beaucoup plus abondante que dans nos climats. Sans cette humidité nourricière les plantes, desséchées par le hâle, périroient sur pied dans l'espace de quelques jours.

Au moment de nous remettre en marche nous avons jugé, à l'hésitation de notre guide, qu'il s'étoit égaré : il a cependant suivi un sentier qui se dirigeoit vers une gorge profonde. Le chemin descendoit avec rapidité en tournant autour de pierres énormes, à travers lesquelles l'instinct des chèvres, plus que l'intelligence des hommes, sembloit avoir tracé leur capricieuse direction. L'humidité de ces vallées, entretenue par d'impétueux torrens, les montagnes escarpées qui les abritent des rayons du soleil, fécondent le terrain, et donnent aux plantes et aux arbres une vigoureuse végétation. Les issues, à peine formées, sont aussitôt resserrées par les branches des arbres qui les bordent, ou par des arbrisseaux souvent épineux, qu'il faut écarter pour se frayer un passage : nos chevaux étoient même arrêtés par ces obstacles, autant que par les dangereuses inégalités du terrain ; ils suivoient pas à pas leur conducteur, et la pente devenoit parfois si rapide, qu'ils glissoient plutôt qu'ils ne marchoient. Il valoit mieux cependant s'en fier à leur instinct qu'à nous-mêmes ; car le Zantiote, ayant essayé d'aller à pied, a manqué de se précipiter au fond de la vallée. C'est avec beaucoup de difficultés que nous sommes parvenus dans une plaine que le guide ne reconnoissoit nullement. D'ailleurs, un taillis fort épais, dont nous ne savions comment sortir, nous déroboit les objets à une certaine distance, sans nous mettre à l'abri de l'ardeur du soleil. Cependant notre Grec trouva un expédient. Il grimpe à un arbre assez élevé, et s'écrie avec joie qu'il aperçoit, vers le sud, un campement de Moraïtes nomades. Nous reprenons courage, et arrivons au but désiré. Plusieurs chiens nous disputent un moment le passage. Les bergers se présentent : on leur demande l'hospitalité. Aussitôt l'un d'eux se détache, court vers le camp, et en ramène un vieillard qui, nous adressant la parole en italien, nous offre avec bonté tous les secours que sa position lui permet de nous donner : nous les acceptons avec reconnoissance, et on nous apporte du lait de chèvre et des galettes de calembrock, en attendant un repas plus substantiel. Après nous avoir laissés reposer quelque temps, le vieillard nous fit parcourir le campement, et nous donna des notions sur leur manière de vivre.

Voici en quoi consiste l'habitation de ces bergers (1). Une haie de branches épineuses, entrelacées et assujetties par des piquets enfoncés en terre, forme une assez vaste enceinte. Au centre sont plusieurs huttes construites avec quatre jeunes arbres d'environ dix pieds d'élévation, ébranchés, plantés verticalement, et recouverts d'un simple toit de feuilles de palmier. Au-dessous de ce toit, à six pieds du terrain, on fait un second plancher au moyen de traverses attachées aux montans avec des lianes. Ce plancher, également garni de feuilles sèches et de peaux de mouton, sert de lit aux bergers : ils y sont à l'abri de la pluie et des rep-

---

(1) Voir précédemment la *Planche XII*, vol. I, pag. 60.

tiles malfaisans. Cette chambre aérienne n'est fermée que du côté du vent, et par une simple natte. Pendant la nuit, il y a toujours un homme de garde qui alimente les feux distribués autour de l'enceinte, et destinés à en écarter les bêtes carnassières. Ces habitations suffisent aux Moraïtes pendant la belle saison. Ils changent de place dès que les troupeaux ont consommé les pâturages voisins, et vont établir un nouveau campement dans un autre local. En hiver, ou, pour mieux dire, pendant la saison des pluies, ils se retirent dans les grottes qui se trouvent en grand nombre dans les montagnes.

On avoit fait les apprêts du dîner. Un chevreau embroché avec un bâton, dont les bouts posoient sur deux pierres, cuisoit devant un brasier. Des fruits et des fromages frais devoient accompagner ce rôti. Nous y avons joint nos provisions, et, à la vue du pain de froment, la joie des Moraïtes a été complète. Le vieux Grec s'exprimoit facilement en italien : notre vin qu'il avoit bu avec plaisir, lui donnoit de la confiance. Supposant avec raison qu'il avoit beaucoup voyagé, nous lui avons témoigné le désir de connoître ses aventures : il a consenti à nous en faire part. C'est lui que je vais faire parler, en tâchant d'imiter le style simple et vrai de sa narration : il a été témoin oculaire d'une partie des faits qu'elle contient, et qui s'accordent d'ailleurs assez bien avec une relation de la guerre de 1770, que M. de Bermont avoit eu la complaisance de me communiquer (1).

### RÉCIT DU MORAÏTE NOMADE.

J'habitois un bourg situé entre Modon et Navarin, dans une plaine fertile. La route que vous deviez parcourir passe encore dans ce même endroit; mais le bourg est entièrement détruit, et il ne reste pas de traces qui indiquent que cette contrée ait été habitée.

Quelque temps avant la malheureuse guerre qui dévasta notre patrie, un étranger, parlant notre langue, et que son costume de religieux devoit nous faire accueillir, séjourna parmi nous (2).

---

(1) Je ne me suis pas appesanti, dans ce récit, sur les circonstances de la guerre de 1770, qui se trouvent dans plusieurs ouvrages, entre autres dans celui de M. de Choiseul-Gouffier, et je n'ai conservé que celles qui étoient indispensables pour lier ce récit. Mais je suis entré dans des détails peu connus sur les causes de cette guerre, et sur ses suites. Ces faits m'ont été confirmés par M. de Bermont, consul-général de la Morée, ainsi qu'on peut le voir dans la note suivante.

(2) Il parut effectivement, en 1767, un émissaire russe, qui, sous le nom d'Agi-Murad, et le costume d'un Iman, parcourut toute la Morée, l'examina dans le plus grand détail, et, lorsqu'il se fut assuré que les Grecs étoient fatigués du joug, et qu'ils brû-

L'ancienneté et l'aisance de ma famille me donnoient une espèce de crédit parmi mes compatriotes. L'étranger vint me voir; et, après un discours adroit, dans lequel il appuya sur le respect que nous devions aux ministres de notre religion et aux conseils qu'ils nous donnoient, il me parla avec chaleur de l'asservissement où étoient tombés les Grecs, ainsi que du despo-

---

loient d'envie de le secouer, il s'aboucha, par l'entremise d'un certain Panagoty Benaky, cojabaky de Callamate, un des plus accrédités de la Morée, avec les évêques, archevêques et cojabakys, qui avoient le plus d'influence. Il leur promit l'assistance et la protection de l'impératrice, pourvu qu'il fût assuré de leur dévouement et de leur fidélité. L'opinion publique veut aussi que ce Benaky, craignant avec fondement que la Porte ne voulût le punir de l'influence qu'il exerçoit dans son pays, ne vît pas d'autre moyen de détourner de dessus sa tête le glaive qui le menaçoit, que de se dévouer aux intérêts de l'impératrice de Russie, et que, dans ce dessein, il donnât le plan de l'invasion en Morée, qu'il présenta de manière à séduire l'ambition de Catherine. Quoi qu'il en soit, les principaux Grecs, enflés d'une proposition qui flattoit autant leur vanité, et qui ouvroit une aussi vaste carrière à leur ambition, ne répondirent que par des protestations de dévouement et de reconnoissance pour leur bienfaitrice, et promirent d'employer toute leur influence pour préparer le peuple à recevoir les Russes comme leurs libérateurs. Ils ne craignirent pas de donner l'assurance que si l'impératrice envoyoit en Morée une escadre avec des armes qui manquoient aux Grecs, elle trouveroit cinquante à soixante mille hommes de bonne volonté, qui seroient prêts à marcher sous les ordres de ses officiers, et qui n'auroient pas beaucoup de peine à se rendre maîtres du petit nombre de Turcs qui les opprimoient, et à s'emparer de leur pays et de leurs forteresses. D'après des assurances aussi positives, Agi-Murad se disposa à passer en Russie; il promit aux conjurés d'employer tout son crédit auprès de sa souveraine pour lui faire adopter ce plan d'invasion, et il ne tarda pas à leur apprendre le succès de ses démarches. Les évêques et cojabakys, fidèles à leurs

tisme des Turcs; me fit entendre qu'une nation puissante et belliqueuse, ennemie déclarée de la Porte-Ottomane, devoit, en l'attaquant dans ses possessions lointaines, nous donner les moyens de secouer nos fers, et de nous en affranchir. Ce discours m'enflamma d'une noble ardeur, et fit naître en moi le désir de contribuer à cette heureuse révolution. L'étranger

---

promesses, n'oublièrent rien pour préparer les esprits, en les aigrissant contre les Turcs, et leur vantant le gouvernement de princes de leur rit; mais lorsque le moment de l'expédition approcha, ils ne déguisèrent rien entre eux. Les papas furent chargés d'annoncer le grand secret, en employant tout ce que la superstition a de plus effrayant, pour qu'il ne fût pas révélé aux Turcs.

Néanmoins ce secret, connu de tant de monde, ne put être gardé si inviolablement que les Turcs n'en eussent quelque vent; mais, au lieu de remonter à la source de ces bruits confus, et cependant d'une si grande importance, ils s'endormirent dans une profonde sécurité qui leur coûta depuis si cher.

M. Lemaire, alors consul de France à Coron, rejeta aussi l'avis qui lui en fut donné, sur la jactance assez naturelle aux Grecs, et ce ne fut que quand il aperçut, avec son télescope, cinq vaisseaux russes qui longeoient la côte du Magne, qu'il ne put douter de l'exactitude de l'avis qui lui avoit été donné. Il s'empressa de le communiquer au mutzelim de la Morée, résidant à Tripolizza, et se disposa à passer lui-même, avec tous ceux de sa nation, à bord d'un bâtiment français qui se trouvoit en rade, pour se garantir des excès auxquels les Grecs indisciplinés se livrèrent. Le mutzelim de la Morée, d'après l'avis de M. Lemaire, ne perdit pas un moment pour assembler les principaux des environs de Tripolizza, fit passer cet avis au pacha qui résidoit à Napoli de Romanie, et on appela aussitôt les Albanais à la défense de la Morée. Ils accoururent, et, après avoir sauvé cette presqu'île de la domination des Greco-Russes, ils finirent par désoler cette belle province, et la couvrirent d'une plaie que vingt ans de tranquillité n'ont pas cicatrisée. ( *Note communiquée par M. de Bermont.* )

démêla l'effet que ses insinuations produisoient sur mon esprit. Alors il s'ouvrit entièrement, m'engagea à réunir ce que je pourrois de gens résolus parmi mes compatriotes, et promit qu'on nous préviendroit lorsqu'il seroit temps d'agir.

J'eus l'imprudence de croire à ses promesses ; je m'ouvris à plusieurs de mes compatriotes, qui entrèrent ardemment dans mes vues.

L'étranger eut aussi des conférences avec nos prêtres, qui souffloient sourdement le feu de la haine et de la vengeance : bientôt ils annoncèrent publiquement que l'instant de notre délivrance étoit arrivé, et nous lièrent par des sermens que tout l'appareil de la religion nous fit regarder comme indissolubles.

Enfin, la flotte russe parut (1). Au signal convenu, de toutes parts les Grecs s'armèrent et se réunirent à Navarin, dont les Russes s'étoient déjà emparés. Nous marchâmes sur Coron, ville importante par sa proximité du Magne, dont les habitans guerriers devoient

---

(1) Ce fut le 28 février 1770, que l'escadre russe, aux ordres du comte Orlow, vint mouiller à Vitolo, sur la côte occidentale du Magne. Elle s'y arrêta huit jours pour attendre que l'on eût construit deux galiotes, dont les bois préparés avoient été apportés quelques jours auparavant, et ce temps fut mis à profit par les Turcs de Coron et de Tripolizza, pour se renforcer et se mettre en état de défense. ( *Note communiquée par M. de Bermont.* )

se rallier à nous. Coron ne résista que foiblement, et les Turcs se retirèrent dans la citadelle. Nous les y assiégeâmes ; mais, n'étant pas secondés par les Russes, nous ne pûmes empêcher la garnison turque de faire entrer des munitions de toute espèce qui lui manquoient, de réparer ses affûts, et de se mettre en état de résister à une attaque tardive et par là infructueuse. Etant forcés de nous retirer après un mois de siége, nous marchâmes vers Nissy, qui ouvrit ses portes, et de là à Tripolizza (1).

Le mutzelim avoit eu le temps de se fortifier, de réunir plusieurs corps de troupes turques, et avoit appelé un grand nombre d'Albanais. Notre armée étoit peu nombreuse, et les Russes n'y avoient joint que de foibles secours. Néanmoins nous osâmes attaquer cette ville capitale de la Morée, et la sommer de se rendre ; mais le mutzelim fit une sortie que dans notre confiance aveugle nous étions loin de prévoir, et répandit la mort dans nos rangs à peine formés. Jugeant que nos forces n'étoient pas suffisantes pour faire un siége en règle, nous résolûmes de porter nos armes vers Mistra (2).

---

(1) Ville moderne, située dans un endroit qui faisoit partie de l'ancienne Arcadie, entre les villes célèbres de Tégée et de Mantinée.
(2) Ville moderne, située à trois quarts de lieues de l'ancienne Sparte.

Cette ville ne fit aucune résistance : l'Arcadie entière, où nous pénétrâmes par les défilés de montagnes que nous connoissions, se soumit, et le nombre de nos partisans s'y accrut. Nissy et Navarin étoient toujours en notre pouvoir ; Modon assiégé ne pouvoit résister long-temps. Cependant un corps de cinq mille Turcs ou Albanais, sous les ordres d'*Agi-Isman-Bey*, se rendit à Nissy, enleva cette ville qui étoit dégarnie en ce moment, et la livra aux flammes. C'est là que commencèrent nos désastres ; à Nissy périt un de nos chefs les plus vaillans. Le frère d'un fameux capitaine magnote, *Marro Mikeli*, fut fait prisonnier. Les tortures et l'appareil de la mort la plus affreuse ébranlèrent sa constance : il n'échappa au supplice du pal qu'en promettant aux Turcs d'employer tout son ascendant sur l'esprit de ses compatriotes pour les engager à déposer les armes et à se retirer dans leurs montagnes. Les Magnotes nous trahirent, et, ne paroissant avoir pris part à la révolution que par l'espoir du pillage, ils consentirent à abandonner la coalition, et se retirèrent en effet. Mais les Turcs, victorieux, les poursuivirent dans leur retraite, et ils ne purent se sauver qu'en se soumettant à payer un tribut.

Isman-Bey, après avoir brûlé Nissy, marcha

à la défense de la ville de Modon, qui étoit prête à capituler. Notre armée, repoussée par le feu de la place, attaquée par ces nombreux secours, se trouva dans l'impossibilité de continuer le siége, et quitta ses retranchemens. La principale raison de ces revers étoit le peu de concert qui régnoit entre les coalisés; durant le siége de cette dernière place, le mécontentement mutuel éclata hautement.

Nous reprochions aux Russes de vouloir nous sacrifier pour se mettre eux-mêmes à l'abri du danger, et de nous avoir engagés imprudemment dans une affaire pour le succès de laquelle ils ne nous avoient pas fourni les secours convenus. Des reproches on en vint à une rupture ouverte, et nous nous séparâmes. Les Russes se retirèrent à Navarin, et notre armée à l'île de Sphacterie (1).

Sur ces entrefaites nous apprîmes que les féroces Albanais, sous le prétexte spécieux que le pacha ne les avoit pas payés de leur ex-

---

(1) Dans le même temps, l'amiral Elvinston, qui venoit renforcer l'escadre du comte Orlow, ayant manqué de reconnoître les Sapiences, courut jusque dans le golfe de Napoli de Romanie, sur la côte duquel il répandit l'épouvante et la confusion, et ne rejoignit le comte Orlow que lorsque le succès de l'expédition de Morée fut désespéré.

L'on apprit, peu de temps après, que le capitan-pacha étoit arrivé à Napoli de Romanie. L'amiral Elvinston y fut détaché avec

pédition, avoient exigé la dépouille des vaincus. Cet horrible marché fut conclu, et on leur permit le pillage pendant l'espace de trois jours. Aussitôt, à la tête de quelques fidèles compagnons qui me restoient, je vole à la défense de nos foyers. Quel affreux spectacle nous attendoit!.... Des tourbillons de flammes entouroient nos maisons; elles retentissoient de cris perçans : c'étoient nos familles qu'on égorgeoit. Nous précipitons notre marche : je cours à ma maison ; elle étoit en cendres. Je redemande une fille chérie aux habitans qui fuient éperdus. J'erre au milieu des ruines ; j'arrive au champ de repos de nos ancêtres : cet asile est violé. J'aperçois ma fille embrassant le tombeau de sa mère ; elle lutte contre des soldats qui cherchent à l'en arracher. J'écarte les assassins : ma fille m'a reconnu. Mes ennemis m'attaquent à leur tour ; je reçois plusieurs blessures. Les ravisseurs se précipitent sur leur victime : elle me tend les bras, et disparoît bientôt avec eux.

---

quatre vaisseaux de ligne, pour reconnoître la division turque : il la trouva composée de dix caravelles et de quelques galiotes et kirlanguitchs. Elvinston tâcha d'engager une action qui ne fut d'aucune importance ; mais étant venu en rendre compte au général Orlow, qui se trouvoit encore à Navarin, la place fut abandonnée après qu'on en eut détruit les fortifications. Orlow se mit à la poursuite de l'escadre turque, qu'il trouva à Thermes, devant Scio, où il a fit brûler. ( *Note de M. de Bermont.* )

Je lui adresse un dernier adieu, et tombe moi-même privé de connoissance.

Mes compagnons, forcés à fuir, ne m'abandonnèrent pas : ils me cherchoient ; ils reconnurent que j'existois encore, m'emportèrent dans nos montagnes, et par leurs soins je guéris de mes blessures.

Nous étions à l'abri de la fureur des Albanais, qui prolongeoient les excès auxquels ils s'étoient habitués. Le butin qu'ils avoient fait dès le commencement de la guerre, étoit considérable : ils l'emportèrent dans leur pays. Leurs compatriotes, à l'aspect d'aussi riches dépouilles, voulant y prendre part, accoururent en foule, et, après avoir fait une multitude de jeunes esclaves, après avoir mutilé tous ceux qui n'avoient pu s'enfuir, pour leur faire découvrir de nouveaux trésors, ils attaquèrent les Turcs eux-mêmes, sous prétexte qu'ils recéloient les effets des Grecs, prétendant que ces effets leur appartenoient par le droit de la guerre. Ils forçoient leurs maisons, et les pilloient impunément, au point que, fatigués de pareilles vexations, les Turcs furent obligés de se renfermer dans leurs châteaux, tandis que les brigands venoient commettre sous leurs yeux toutes sortes d'horreurs.

Cependant la Porte-Ottomane, instruite de

ces désordres, chargea expressément divers pachas qu'elle envoya successivement en Morée, d'en expulser les Albanais; mais, soit faute de moyens suffisans, soit qu'ils eussent été gagnés par les chefs de ces Albanais, dont ils recevoient, dit-on, des sommes immenses, les brigands se perpétuèrent jusqu'à l'arrivée du capitan-pacha. Précédé par une escadre qui se dirigea vers Napoli de Romanie, et dont il détacha seulement quelques bâtimens légers pour aller croiser dans le golfe de Lépante, il suivit lui-même la route de terre, fit plusieurs recrues en Romélie, et, arrivé à Corinthe, il publia une amnistie en faveur des Grecs, leur permettant de s'armer et de se défendre contre les violences des brigands. Il vint ensuite camper dans la plaine d'Argos, d'où il somma les Albanais de se retirer chez eux, leur assurant la liberté du passage et le paiement de leurs dettes légitimes. Ces Albanais, divisés en deux partis ou peuplades, les *Tchesmés* et les *Bekiarés*, ne furent pas d'accord sur cette proposition; les premiers se retirèrent paisiblement sur la foi de la capitulation, et les Bekiarés, au nombre de sept mille, s'imaginant que les forces du capitan-pacha ne pourroient jamais les déloger de la Morée, refusèrent d'obéir, et se retranchèrent à Tripolizza. Mais l'amiral turc, outré de ce qu'ils n'avoient pas accepté des propositions aussi raisonnables, partit secrètement d'Argos à la tête d'un corps d'élite, arriva à la pointe du jour à Tripolizza, et surprit les rebelles qui ne firent qu'une légère résistance : trois mille restèrent sur le champ de bataille; les autres, cherchant à s'échapper, tombèrent dans des partis turcs que le capitan-pacha avoit mis en embuscade. La plupart des fuyards furent massacrés, les autres faits prisonniers. On conduisit la moitié de ces derniers aux galères à Constantinople ; le reste fut exécuté militairement, et leurs têtes furent rangées en pyramide et maçonnées les unes sur les autres avec chaux et sable, en face du sérail; monument d'horreur, fait pour servir d'exemple et perpétuer le souvenir de l'expulsion des Albanais (1) de notre infortunée patrie.

Je n'avois pris aucune part à tous ces événemens; je cherchois en vain à distraire ma douleur par divers voyages. Après avoir parcouru, avec des marchands grecs, plusieurs contrées du Levant, et même de l'Europe, je suis enfin revenu dans ces montagnes. L'habitation de mes pères n'existoit plus; ma fille étoit

---

(1) L'expulsion des Albanais de la Morée eut lieu en 1779, neuf années après qu'ils eurent chassé les Russes du Péloponese.

perdue pour moi sans retour; mes meilleurs amis avoient péri. Depuis, je n'ai cessé d'errer dans ces contrées, sans me fixer nulle part; j'ai consacré le reste de mes jours aux soins des troupeaux qui me nourrissent; j'accoutume les enfans de mes compatriotes à cette existence précaire : ils ne connoissent pas les richesses; mais ils s'estiment heureux de leur peu de besoins, et surtout de leur indépendance.

Nous remerciâmes le Moraïte de sa complaisance et du bon accueil qu'il nous avoit fait. Avant de le quitter nous voulûmes lui faire accepter quelque argent : il rejeta cette offre avec une sorte de fierté, et nous observa qu'il nous avoit donné l'hospitalité, et ne nous l'avoit point vendue. Nous n'insistâmes pas, et le priâmes d'accepter au moins (1) un mouchoir de mousseline des Indes, qui lui rappelleroit notre souvenir et notre reconnoissance. Il le prit et le roula aussitôt autour de sa petite calotte rouge, nous assurant qu'il s'en pareroit quelquefois. Il nous offrit un guide pour nous accompagner jusqu'à Navarin, et nous devions nous reposer, à moitié chemin, dans la grotte qui sert d'habitation d'hiver à ces bergers.

---

(1) L'hôte, refusant toute récompense pécuniaire, demandoit anciennement, ou recevoit un petit gage de souvenir; c'est le *xenia* des Grecs, et le *tessera hospitalitatis* des Romains.

## LETTRE LIV.

Le 27 juin.

Départ du campement.—Effet de lumière au soleil couchant.
— *Lucciole.* — Habitation d'hiver des bergers. — Débris
d'un petit monument. — Source d'eau minérale. —
Tranchée antique. — Vue de la plaine de Navarin.

Nous remontâmes à cheval vers le soir. Notre guide, qui étoit un enfant de dix à douze ans, extrêmement alerte, couroit devant nous. Après avoir marché pendant quelque temps au milieu de coteaux couverts de plantes aromatiques en fleurs, dont les émanations embaumoient l'air; et, arrivés sur une hauteur, nous découvrîmes la mer : le soleil s'y plongeoit en ce moment, et nous jouîmes d'un effet qui n'étoit pas nouveau pour nous, mais qui cette fois nous parut plus frappant. A mesure que le disque lumineux s'approchoit de l'horizon, il nous paroissoit précipiter sa course, et, quand il disparut, la nuit sembla dérouler subitement ses voiles.

Nous entrâmes ensuite dans un bois de lauriers. Le chemin étoit uni : nous marchions

Restes d'un monument antique dans les montagnes de la Messénie.

paisiblement sous des berceaux de citronniers, de lauriers et de jasmins (1).

Notre route étoit éclairée par une multitude d'insectes, de la nature de nos vers luisans, qu'on nomme en Italie *lucciole*. Ces insectes remplissoient l'atmosphère, décrivoient en volant des lignes lumineuses qui se croisoient en tout sens, ou bien, suspendus aux rameaux, ils formoient autant de groupes de brillans. Quelquefois le vent les chassoit par milliers, en colonnes serrées, qui sembloient enflammer l'air à leur passage. Ce coup d'œil, joint à l'aspect du ciel qui brilloit d'un éclat inconnu dans nos climats, formoit le plus étonnant et le plus riche spectacle.

Nous marchions depuis plusieurs heures, lorsque notre jeune conducteur nous annonça que nous approchions de son habitation d'hiver. Il nous fit tourner vers la montagne, à travers les broussailles, dérangea quelques fagots d'épines, et nous découvrîmes un sentier taillé dans le roc, en pente assez douce pour permettre aux troupeaux, et même à nos chevaux, de le monter avec facilité. Ce chemin nous conduisit à l'entrée de la grotte (*Pl. LVII*).

---

(1) Le jasmin est, dans le Levant, un arbuste assez élevé : on se sert des branches les plus droites pour faire des tuyaux de pipes, qui sont recherchés.

Nous fûmes surpris d'y trouver plusieurs colonnes debout, reste d'un petit monument antique. On avoit jeté de l'une à l'autre des vignes qui formoient une treille, et dont les pampres cachoient en partie l'ouverture de la caverne. Nous y entrâmes : vers le fond, une source couloit d'une fente du rocher dans un bassin naturel, et de là se précipitoit dans une cavité dont nous avons sondé inutilement la profondeur.

Le jeune Moraïte demanda notre aide pour déranger un quartier de rocher qui fermoit une espèce de porte basse, pratiquée sur un des côtés intérieurs de cette caverne. Il descendit quelques marches, et revint avec des branches de bois résineux, frottées de graisse, que l'on alluma aussitôt : à l'aide de cette lumière, nous pénétrâmes nous-mêmes dans une salle souterraine, où les Moraïtes avoient déposé des provisions d'hiver, ainsi que des nattes, des peaux de bêtes, divers ustensiles, et des amas de bois et de foin. Nous transportâmes ce qui nous étoit nécessaire à l'entrée, sous la treille où l'on alluma du feu.

Il existoit dans l'ancien Péloponèse des grottes consacrées à diverses divinités : celle-ci pourroit être du nombre. Les colonnes que l'on trouve à l'entrée soutenoient le vestibule ou péristyle de ce temple souterrain. La fontaine qui y prend sa source, devoit être sacrée, et avoir même quelque vertu maintenant ignorée, et qui l'avoit jadis rendue célèbre.

Nous goûtâmes cette eau ; elle étoit légèrement minérale, et le berger nous assura qu'on pouvoit en boire sans crainte.

Après avoir pris du repos, nous remîmes chaque chose à sa place; et comme il restoit un trajet assez long à faire pour arriver à Navarin, nous partîmes avant le jour. Nos Grecs ouvroient la marche avec des flambeaux allumés. Après plusieurs détours nous aboutîmes à une tranchée taillée au ciseau dans le rocher, et tracée en ligne droite. La pente étoit presque insensible : la pierre dure qui fait le fond du sol, a été creusée par le frottement des roues, qui y ont formé des ornières profondes. Il n'y avoit, entre les parois latérales du rocher, que l'espace nécessaire pour le passage d'un char qui, une fois engagé dans la tranchée, ne pouvoit plus retourner. Cette voie est sûrement antique ; elle conduisoit à la grotte, où l'on ne pouvoit arriver peut-être que par un seul chemin, sans qu'il fût permis de suivre la même route au retour. Cette circonstance pourroit fournir des lumières sur ce monument singulier.

Sortis de ce défilé, nous parcourûmes un pays montueux, et le soleil étoit levé depuis quelque temps lorsque, après avoir franchi le sommet d'une montagne stérile, nous découvrîmes la plaine de Navarin (*Planche LVIII*). Nos conducteurs, à qui nous avions nommé cette ville à plusieurs reprises, ne la connoissoient pas sous ce nom, et nous conduisoient, disoient-ils, à *Neo castron* ou *Agno castrum;* mais, à l'aspect qui s'ouvrit devant nous, il nous fut aisé de reconnoître le site de l'antique *Pylos*.

A travers les broussailles nous distinguâmes un aqueduc ancien qui se perdoit plus loin dans les flancs de la montagne, pour reparoître ensuite dans la plaine ; il y faisoit plusieurs détours, élevé alors sur des arcades, et parvenoit enfin jusqu'aux antiques murailles de la forteresse. Le rocher escarpé sur lequel elle est construite ne nous permettoit de voir qu'une partie de la ville qui est située du côté opposé vers la mer.

Au-delà de la citadelle et de la ville on aperçoit le port, à la gauche duquel s'élève l'île de Sphacterie, tombeau d'une cohorte lacédémonienne (1). Plus loin, derrière les montagnes qui entourent le port, on distingue la

---

(1) Thucydide, liv. IV.

Vue de la Ville de Navarin, de son port et de l'Ile de Sphacterie.

rade et la pleine mer, qui sert de bornes à la vue et à l'horizon. Ce coup-d'œil, qu'on ne peut bien saisir qu'en se supposant à l'élévation où nous nous trouvions, étoit aussi imposant par son immensité, que par les détails curieux qu'il présentoit. Mon dessin n'en donnera qu'une foible idée.

La plaine de Navarin est bien cultivée, mais elle manque d'eau. Les chaleurs avoient déjà tari les sources et brûlé le feuillage des arbres hâtifs : il restoit néanmoins des groupes composés d'oliviers, de platanes, d'orangers, dominés par quelques dattiers chargés de fruits. Ces arbres distribués sur le sol en cachoient l'aridité : des vignes rampoient aussi sur la pente des coteaux, ou, s'élevant autour des arbres dépouillés, les chargeoient d'une nouvelle verdure.

## LETTRE LV.

De Navarin, le 28 juin.

Réception inhospitalière d'un Grec, agent de France. — Aqueduc antique. — Fontaine creusée dans le rocher. — Entrée du port. — Rocher remarquable. — Ile de Sphacterie.

Le Zantiote nous a quittés aux portes de la ville de Navarin, pour aller chez un de ses compatriotes, promettant de nous rejoindre le soir, et nous nous sommes acheminés vers la maison d'un Grec, agent de France, à qui nous étions recommandés.

Notre guide se chargea de pourvoir aux besoins de son jeune compagnon. En le quittant, nous lui suspendîmes au cou un sequin de Venise, et nous ne pouvions faire à cet enfant un cadeau qui lui fût plus agréable. Il y a beaucoup de ces sequins qui ont été percés pour servir à la parure des Grecs. Les femmes en font des colliers, les attachent à l'extrémité de chacune des longues tresses de leurs cheveux, ou en entourent la calotte de laine qui leur couvre le sommet de la tête.

Nous sommes entrés dans une cour ombragée par de beaux orangers, comme la plupart de celles de la ville. Après avoir attendu fort long-temps dans une salle basse, on nous a présentés au maître du logis, que nous avons trouvé assis, au fond de la chambre, sur le divan, et entouré de plusieurs autres personnes. Il nous a salués à peine, a pris nos lettres qu'il a mises sous un coussin sans les lire, continuant à causer avec ses voisins, et par intervalles fumant sa pipe sans avoir l'air de prendre garde à nous. Il est vrai que notre costume devoit inspirer moins de respect que de compassion. Nous étions vêtus à la légère avec une étoffe grossière du pays, assez maltraitée d'ailleurs par les ronces et les autres inconvéniens d'un pareil voyage : nos armes, la poussière dont nous étions couverts, nous donnoient plutôt l'air de brigands que d'officiers français ; ce qui contrastoit avec le costume surchargé de broderie de nos riches Moraïtes.

Cependant, impatientés de ce flegme oriental que beaucoup de Grecs cherchent à imiter des Turcs, et ne voyant point arriver les rafraîchissemens dont nous avions besoin, nous nous sommes levés avec aussi peu d'égards qu'on nous en avoit montré, sortant aussitôt de cette maison inhospitalière.

Ne sachant où trouver le Zantiote, qui nous auroit été d'un grand secours comme interprète, nous employâmes les signes expressifs des premiers besoins, qui sont faciles à comprendre. Aussi la première personne à qui nous nous adressâmes nous fit entrer chez elle. Nous allions commencer un assez mauvais dîner lorsque l'écrivain de notre premier hôte accourt à la hâte, et nous annonce, en langue franque, que son maître, inquiet de notre brusque départ, l'envoie nous prier de revenir chez lui. Nous nous consultons : il nous presse, nous fait des excuses, nous assure qu'on réparera, par les attentions les plus délicates, une méprise involontaire. Nous croyons pouvoir céder à tant d'instances. Les lettres du consul-général de la Morée avoient opéré ce grand changement. Le Grec, assoupli, nous reçoit avec respect : introduits dans son propre appartement, il nous fait asseoir à la place d'honneur. Aussitôt on apporte à laver : on nous inonde d'eau rose : le café moka nous est servi dans des tasses de porcelaine, supportées par de jolis vases en filigrane d'argent; une coupe de vermeil, contenant des confitures parfumées, du sorbet à la glace, des pipes garnies d'ambre : on prodigue tout ce que le luxe grec fournit de plus exquis, et on ne tarde pas à nous apporter un dîner recherché. Le Grec, devenu modeste, assista à notre repas sans vouloir y prendre part, et se retira ensuite pour nous laisser jouir d'un repos dont nous devions avoir besoin. Il paroît que ces politesses étoient plutôt l'effet de la crainte que de la cordialité, et nous fûmes fâchés de trouver un Moraïte de ce caractère.

C'est avec peine que je suis forcé d'avouer que ces mêmes Grecs qui, livrés à eux-mêmes et aux seules impulsions de la nature, conservent des vertus rares chez des nations plus civilisées, ont été gâtés par la fréquentation de ceux qu'ils appellent *Francs*, dont ils ont emprunté les vices. C'est surtout dans les villes maritimes, Echelles du commerce, qu'on remarque cette fatale influence. L'esprit mercantile et l'agiotage y ont rétréci les âmes; la soif du gain a amené la mauvaise foi; les richesses ont fait naître l'orgueil; la crainte de se les voir enlever par le despotisme turc en a rendu les possesseurs dissimulés et rampans. En un mot, il ne faut pas chercher le caractère grec sur les côtes : ce n'est que chez les montagnards, et loin des routes fréquentées, qu'on retrouvera la franchise, la bonté, les vertus hospitalières, dont nous avons fait précédemment un si touchant essai.

L'écrivain de notre hôte est venu s'informer

si nous avions quelques ordres à donner. Nous l'avons prié de nous faire voir la ville. Les maisons, surtout celles qui bordent la marine, sont bien bâties; et le mélange des orangers et des palmiers, avec les constructions, produit un bel effet : l'entrée du port, qui se trouve sur la gauche, entre l'extrémité de l'île de Sphacterie et la terre-ferme, est remarquable. Il y existe un immense rocher presque isolé, et creusé dans toute son épaisseur. A travers cette ouverture fort grande, et en forme d'arc ogive, on aperçoit la pleine mer.

Il auroit fallu obtenir une permission spéciale du commandant de la citadelle, pour la voir en détail. Nous connoissions les lenteurs de ces sortes de négociations; aussi avons-nous préféré de retourner vers les constructions antiques que nous avions remarquées en arrivant.

L'aqueduc, qui porte encore jusqu'à la ville une eau assez mauvaise, est bien conservé. Il a été solidement bâti; et, à en juger par sa largeur et les restes ruinés que nous avions vus à plusieurs milles de là, il devoit contenir autrefois un volume d'eau considérable. Il décrit plusieurs angles dans la plaine : les arcades qui le supportent, et dont il y a encore sur pied une centaine, sont plus ou moins élevées et espacées, suivant la pente du terrain. Dans

les parties basses il y a double rang d'arcades ou des arcs plus petits entre chacune d'elles, et destinés à allégir la construction.

A l'un des angles qui se rapprochent des murs de la forteresse, l'aqueduc est surmonté d'une arcade isolée dans le sens de sa largeur : je ne sais à quel dessein cette construction a été faite. Près de là se trouve une antique carrière de belles pierres, où il reste des blocs presque entièrement détachés du massif, et même des colonnes à moitié taillées.

Nous avons aussi remarqué, à l'entrée de la ville, une fontaine creusée avec soin sous le rocher, avec des bancs et un vaste réservoir : l'eau, qui probablement y étoit apportée par l'aqueduc, étoit presque tarie.

Une autre fontaine, que j'ai représentée (*Planche LIX*), est construite très-solidement : les murs et le pilier qui s'y rattachent, paroissent antiques, et leur disposition annonceroit un vaste monument.

L'aqueduc et les autres constructions antiques qui se trouvent à Navarin, feroient supposer qu'il existoit autrefois en cet endroit une ville assez importante. Seroit-ce celle de Pylos ? On s'accorde cependant à la placer à l'autre extrémité du port, également en face de l'île de Sphactérie. Quoi qu'il en soit, l'aspect de ces lieux célèbres, comparé à la description qu'en fait Thucydide, l'un des écrivains les plus exacts de l'antiquité, m'a fait naître ce doute sur la véritable position de l'antique Pylos. Me permettra-t-on, sur ce sujet, quelques observations qu'au surplus je soumets à la critique éclairée des archéologues?

Voici la description que donne Thucydide, de la ville de Pylos et des environs (1).

« Les Athéniens, débarqués à Pylos, réso-
» lurent d'entourer la place de murailles : ce
» lieu étoit abandonné, ainsi que la plupart
» des campagnes voisines; mais il offroit la
» commodité d'un port. Dans beaucoup d'en-
» droits il ne fut pas nécessaire d'élever des
» murs, la place étant assez forte d'elle-même.
» Le côté du port étoit le plus foible : le reste
» du continent, dans le voisinage de Pylos,
» étoit inabordable; et, si on en excepte ce
» port, il n'offroit aucune rade : il n'y avoit
» qu'une source dans la citadelle, et elle étoit
» si peu abondante, qu'on étoit obligé de
» creuser dans le sable pour se procurer de
» l'eau. L'île de Sphactérie, qui s'étend en face
» du port, le met à l'abri des vents, et en rend
» les passages fort étroits. Du côté de Pylos,

---

(1) Thucydide, liv. IV, §. III et suivans. Affaire de Pylos.

» il ne peut entrer que deux vaisseaux de
» front, et huit ou neuf du côté qui regarde
» l'autre partie du continent. Les Athéniens
» débarquèrent dans l'île, à l'extrémité oppo-
» sée à Pylos, qui est la plus praticable, et
» par où les Lacédémoniens recevoient des
» provisions. Ceux-ci, attaqués par des forces
» supérieures, se retirèrent dans un vieux fort
» situé du côté de Pylos, et c'est là qu'ils furent
» faits prisonniers. » Cette description topographique convient au site de Navarin, qui est absolument semblable à celui que l'historien grec décrit. Ce plateau est escarpé partout, excepté vers le port : il n'y existe encore qu'une source dans la citadelle, et l'eau qui alimente les autres fontaines, est amenée de fort loin par un aqueduc. La campagne, autour de la ville, est privée d'eau, tandis que du côté opposé, et au-delà du port, au lieu où l'on suppose qu'étoit Pylos, l'eau est si abondante, que les plages sont marécageuses. En cet endroit le continent et l'île de Sphactérie s'abaissent, se réunissent presque, et la côte est d'un plus facile abord ; ce qui semble indiquer que c'étoit de ce côté que les Lacédémoniens, renfermés dans l'île, recevoient des secours et des vivres. En effet, un promontoire très-avancé forme un renfoncement qui peut servir de rade, et où il étoit

facile d'aborder ; ce qui eût été impossible du côté de Pylos, où la côte est escarpée et sans atterrage. Enfin, le plateau élevé de Navarin présentoit, pour bâtir une ville, des avantages de sûreté, qui devoient être appréciés encore plus par les anciens que par les modernes, et la force de la situation de cette ville, ainsi que la bonté de son port, est tellement reconnue, qu'elle pourroit être l'unique garant de son existence dans le passé, comme dans l'avenir.

Le nom même que les Grecs modernes donnent à Navarin, indique qu'elle a été bâtie sur les ruines d'une ville antique, quoique d'abord ce nom semblât prouver le contraire. *Neo castro*, nouvelle ville, désigne ordinairement en Grèce, comme *Neapolis*, *Naplouse*, une ville reconstruite sur le sol d'une ville ancienne, et ils nomment celle dont il ne reste que des ruines inhabitées, *Paleo castro*, *Paleopola*, *Paleopolis*.

La plus forte objection qu'on pourroit faire contre cette opinion, c'est que, suivant Thucydide, la passe entre l'île de Sphactérie et Pylos étoit beaucoup plus étroite que celle qui se trouvoit de l'autre côté du port. Le contraire existe maintenant : la passe de Navarin est assez large, quoique dangereuse par l'escarpement de ses bords, et l'autre est tout au plus praticable pour de petits bâtimens. Mais ne pourroit-on pas trouver dans la configuration du terrain, la raison de ce changement? La passe de Navarin est ouverte entre des rochers pyramidaux, et l'eau y est très-profonde. Elle n'a pu, dans ce laps de temps, que s'agrandir, et il est douteux que, même à cette heure, elle fût assez large pour permettre le passage à huit ou neuf vaisseaux, tels même qu'on suppose avoir été ceux des anciens. Cette passe peut donc avoir été beaucoup plus étroite que celle qui lui est opposée ; mais les bords de celle-ci sont en pente adoucie ; ce qui indique quelque éboulement, et les parties marécageuses qui l'avoisinent, formées par plusieurs ruisseaux et torrens, peuvent avoir aidé à l'encombrer et à la rétrécir au point où elle est aujourd'hui.

De retour à la ville, nous avons fait préparer nos chevaux. Le Zantiote nous attendoit déjà : il auroit désiré prolonger son séjour à Navarin ; mais il avoit appris que nous devions passer par un défilé dangereux, près l'île Prodano, refuge des pirates ; et, craignant de faire la route seul, il s'est décidé sans peine à nous suivre.

L'agent grec, alarmé de notre prompt départ, qu'il attribuoit au mauvais accueil qu'il nous avoit fait, vouloit nous retenir : il nous supplia même de témoigner par écrit, qu'il nous avoit reçus convenablement. A cet effet il apporta un registre où nous lûmes les noms de plusieurs Français, entre autres celui de M. Lesseps, qui, lors de son voyage de Constantinople en France, s'étoit arrêté à Navarin, et avoit laissé à notre hôte un certificat en bonne forme. Nous avions quelque envie de consigner nos griefs dans le fatal registre; mais la frayeur du Grec et ses supplications nous firent pitié, et nous nous contentâmes de certifier notre passage et notre court séjour chez lui. Il nous remercia beaucoup, et chargea nos chevaux de toutes sortes de provisions.

## LETTRE LVI.

Départ de Navarin. — Voie antique. — Plaine marécageuse. — Bois d'oliviers. — Forêt voisine de l'île de Prodano, retraite des forbans. — Rencontre nocturne. — Albanais, leur costume. — Pont. — Voie antique. — Ville de Philatrea.

On jouit, en sortant de Navarin, d'une vue charmante. Nous laissions derrière nous la ville, la passe et le rocher percé; l'île de Sphactérie à notre gauche : le port, ou plutôt le golfe, qui a plusieurs lieues de diamètre, étoit au-dessous de nous. Nous foulions aux pieds une voie antique, construite avec de larges dalles de forme irrégulière, et bien conservées. Des fontaines se trouvoient de distance en distance sur les bords du chemin, et en face de nous se déployoit une immense plaine plantée de beaux oliviers. La route que nous devions parcourir se perdoit ensuite dans l'éloignement, après plusieurs détours sous ces arbres.

Au bas de la montagne la plaine est marécageuse : nous l'avons traversée sur une chaussée et des ponts à moitié ruinés. Ces marécages sont formés par des ruisseaux dont l'eau est saumâtre. En certains endroits nos chevaux enfonçoient dans la vase ; cependant nous sommes parvenus sous les oliviers, où le terrain est plus ferme, quoique arrosé par plusieurs ruisseaux que nous traversions à gué, et dont quelques uns étoient larges et rapides. Nous avons marché long-temps dans ce bois, et la nuit approchoit lorsque nous en sommes sortis.

Ces oliviers, dont on ne paroît pas récolter le fruit, étant livrés entièrement à la nature, sont devenus de grands arbres. Cet endroit se nomme les *Cent-Villages*, quoiqu'il n'y existe pas en ce moment une seule cabane. Au-delà du bois se trouve un terrain stérile, couvert de bruyères, et peu après le chemin se dirige vers une forêt que le Zantiote nous a signalée comme la retraite des forbans de l'île de Prodano. Il nous engageoit à prendre des précautions pour notre défense, et nous nous moquions de sa frayeur, qui pourtant n'étoit pas sans quelque fondement.

Devant faire halte dans cet endroit sauvage, nous avons choisi une place convenable, et planté les piquets sous un groupe d'arbres touffus, qui nous mettoient dans l'ombre.

Autour de nous étoit un vaste terrain dégarni qu'on pouvoit embrasser d'un coup d'œil Cet isolement devoit nous préserver des surprises, et nous nous disposions à prendre quelques rafraîchissemens lorsque nous entendîmes un coup de sifflet qui partoit de l'intérieur du bois : d'autres sifflemens répondoient à ce signal. Aussitôt nous sautons sur nos armes, et attendons en silence le résultat de cet événement. Les coups de sifflets se succèdent, se rapprochent de nous, et quelques hommes se montrent à la lisière du bois. Ils nous crient en grec : *Qui vive ?* Notre guide, sans trop s'effrayer, répond : *Voyageurs*, et leur fait la même demande. Ils répliquent : *Gens paisibles, occupés pendant la nuit à la garde de la récolte*, et nous font des instances pour que nous allions nous reposer dans leur campement. Ne voulant pas en courir le risque, nous les engageâmes à se retirer sur leurs propriétés, où nous n'irions pas les troubler, les prévenant que, s'ils dépassoient les limites du bois, l'on seroit forcé de les considérer comme ennemis, et de les traiter comme tels. Ils se retirèrent alors derrière les arbres, et reparurent ensuite, se disposant à avancer sur nous; mais un coup de fusil que nous tirâmes, seulement dans l'intention de les effrayer, leur fit rebrousser chemin. Pendant ce temps nous affections de faire beaucoup de bruit avec nos armes, et parlions haut sur plusieurs tons pour leur faire croire que nous étions en force. Cette ruse nous réussit, et ils ne reparurent plus. Ils continuoient cependant de siffler par intervalles; et, dans la crainte que, s'étant réunis, ils ne nous attaquassent au passage en sortant du bois, nous résolûmes d'attendre le jour dans ce poste. Pendant le reste de la nuit nous avons fait alternativement sentinelle, et personne ne s'est présenté.

Depuis la dernière guerre il est resté, en Morée, une foule d'hommes indomptés, qui ne vivent que de rapines; aussi les Turcs fortifient-ils, comme je l'ai déjà observé, leurs maisons de campagne, et se font accompagner, dans leurs voyages, d'esclaves armés. Ce fléau enlève beaucoup de terres à la culture. Les Moraïtes, craignant de construire des villages trop loin des villes, laissent en friche une grande partie de ce beau pays. Ces lieux inhabités et les îles riveraines servent de refuge aux forbans qui surprennent les petites embarcations, et se sont même emparés quelquefois de bâtimens marchands.

Les corsaires magnotes parcourent aussi ces parages; ils s'informent si des voyageurs traversent le pays; alors ils débarquent, et les attendent, pendant la nuit, dans des défilés dangereux, pour les dévaliser s'ils ne sont pas sur leurs gardes.

Dès que le jour a paru, étant sortis à la hâte, et sans éprouver d'obstacle, de cette forêt malencontreuse, nous avons jeté les yeux en arrière, et nous nous sommes convaincus que toute cette côte, en effet voisine de l'île des Pirates, étoit absolument déserte et inculte.

Devant nous étoit un pays plus riant, et à mesure que nous avancions, c'est avec plaisir que nous retrouvions des champs cultivés et ensemencés pour la seconde fois. Les collines étoient tapissées de vignes, et la fumée qui s'élevoit çà et là parmi des bouquets d'arbres, indiquoit des habitations. Ce spectacle ramena la tranquillité dans tous les esprits, et nous laissâmes les craintes et les dangers derrière nous, dans le brouillard qui couvroit la forêt.

Nous avons ensuite gravi une côte, au sommet de laquelle se trouvoit une fontaine de construction ancienne : de beaux platanes la couronnoient de verdure : l'eau étoit limpide, l'herbe fraîche. Tout nous invitoit à faire halte. Une famille albanaise passoit en ce moment : je desirois dessiner leur costume, et nous les invitâmes à partager notre déjeuner malgré les signes de mécontentement du Zantiote, qui prétendoit que ces Albanais étoient nos voleurs de nuit, et nous faisoit ses observations en italien, pour n'être pas entendu.

Un jeune Albanais, bien fait et robuste, le regardoit attentivement de la tête aux pieds, et fixoit surtout ses regards sur une culotte de peau, fort étroite, que portoit le Zantiote. Il le touchoit, et lui donnoit même quelques coups légers sur les cuisses ; puis s'éloignant, il se mettoit dans la posture d'un athlète, et marquoit, par ses gestes, le désir de se mesurer avec lui. Voyant que le Zantiote ne le comprenoit pas, il le prit par les épaules, et le secoua vigoureusement. Notre pauvre compagnon, fort effrayé, cherchoit vainement à se retirer de ses mains. Nous comprîmes qu'on le prenoit pour un lutteur de profession : ce n'est qu'avec peine que nous pûmes faire lâcher prise à l'Albanais, et lui faire entendre que le Zantiote n'étoit rien moins qu'un athlète, et qu'il ne portoit cette culotte que pour se prémunir contre l'effet des secousses de sa monture.

La lutte est encore en vogue dans la Grèce et dans tout le Levant : on y voit des gens qui donnent ce spectacle au public pour une légère rétribution. Ils se dépouillent de leurs vêtemens, ne conservent qu'une courte culotte de peau, et s'oignent le corps d'huile, pour laisser moins de prise à leur antagoniste. Ils commencent par se faire des gestes menaçans, se prennent ensuite par les bras ; enfin, ils s'entrelacent, et

Famille albanaise en voyage.

emploient la force et la ruse pour se renverser mutuellement. Ils s'abstiennent des coups, et se font rarement du mal. Les poses variées qu'ils présentent, forment un spectacle intéressant pour un artiste.

Voici quel est le costume de ces Albanais, et en général celui de cette nation (*Planche LX*).

Les hommes portent une chemise de coton blanc, qui leur descend jusqu'aux genoux; elle est ouverte en haut, et laisse la poitrine à découvert. Ils ont un gilet sans manches, une ceinture agrafée par des bossettes en cuivre, et garnie de petites gibernes et d'armes de toute espèce; des guêtres blanches, avec des galons et des glands de laine rouge, sont nouées au jarret, et se terminent à la cheville. Leur pied est quelquefois enveloppé d'un morceau de tapisserie; la semelle est attachée avec des cordons, comme le brodequin antique. Leur tête est couverte d'une calotte de cuir noir, bordée de franges et de glands : sur leurs épaules est une large capote brune ou blanche, brodée en couleur, et à grand collet carré, qu'ils rejettent sur la tête pour se garantir des intempéries de l'air.

Les femmes portent la même chemise ouverte, ou négligemment attachée par un bouton : les manches sont larges, et tombent sur leurs mains; les coutures de cette chemise forment une broderie de couleur; leur gilet, orné de gros boutons sphériques et de chaînes argentées, est croisé dans la partie inférieure, et assujéti par la ceinture qui soutient par devant un tablier blanc, et par derrière un morceau de tapisserie à losange, mi-parti de deux couleurs : on aperçoit la chemise sur les côtés. Leurs cheveux sont réunis en une seule tresse, roulée derrière la tête, et contenue par un mouchoir noué. Tel est leur costume ordinaire dans l'intérieur de leurs maisons : en voyage elles y ajoutent un jupon bleu retroussé pardevant; elles portent aussi quelquefois une capote. Les jeunes filles divisent leurs cheveux en petites tresses qu'elles laissent tomber sur leurs épaules; elles ont aussi la calotte noire entourée de franges en or ou de pièces de monnaie.

Ces Albanaises portoient tout le bagage, qui consistoit en un petit matelas mince et piqué, dans lequel on avoit roulé les hardes et les provisions. Ces femmes, courbées sous ce fardeau, filoient en marchant, et paroissoient contentes de leur sort. Les maris n'étoient chargés que de leurs armes, et tenoient à la main des fusils où étoient incrustés des ornemens en filigrane et en ivoire.

Cette famille nous a quittés avec des démonstrations d'amitié, et a continué sa route vers Pyrgos.

Nous avons suivi le cours du ruisseau produit par les eaux de la fontaine, lesquelles vont se jeter dans une rivière qui pourroit bien être le *Cyparisseïs* (1). Nous avons traversé cette rivière sur un pont, dont l'extrémité touche à la montagne : le chemin y est taillé en gradins pour en faciliter l'accès aux bêtes de somme. Les marches, élevées de trois ou quatre pouces, ont plusieurs pieds de profondeur sur environ une toise de large. Cette voie paroît être, ainsi que le pont, l'ouvrage des anciens.

Nous sommes entrés ensuite dans un bois de jeunes lauriers, rejetons de quelque forêt sacrée, où se trouve une chapelle construite avec les débris, et peut-être sur les fondations d'un temple grec.

Au-delà le pays abonde en diverses productions : la campagne étoit animée par des troupes de vendangeurs qui se dirigeoient en chantant vers leurs habitations qu'on apercevoit à travers des massifs d'arbres fruitiers dont on récoltoit aussi les fruits. Nous avons vu ici, pour la pre-

---

(1) Le Cyparisseïs est indiqué à peu près à cette place, dans le *Voyage du jeune Anacharsis*. Alors, la voie antique qu'on trouve en cet endroit, seroit celle qui menoit à la ville de Cyparissea, et de là à Olympie.

mière fois, des champs couverts de la plante qui produit le coton, et notre route, jusqu'à Philatrea, étoit ombragée par des oliviers qui, plus touffus que ne le sont ordinairement ces arbres, nous mettoient à l'abri des atteintes du soleil déjà très-ardent. Ils étoient peuplés d'une multitude de cigales qui nous assourdissoient par leur bruissement monotone.

Auprès du chemin, à un mille de Philatrea, nous avons remarqué une citerne bien construite : l'orifice étoit élevé de plusieurs marches ; des femmes qui y puisoient de l'eau, se sont enfuies à notre approche, laissant leurs vases, les uns en cuivre, d'autres en terre rougeâtre, avec des dessins étrusques, et tous d'une forme élégante.

Le costume de ces femmes nous a paru singulier. Nous aurons sans doute occasion de le voir de plus près ; alors je vous le décrirai.

A l'entrée de la ville (*Planche LXI*), on trouve une église grecque, d'une architecture simple et pittoresque. La cour qui la précède, est fermée par une porte qui n'a pas l'air d'appartenir aux autres constructions, et se lie même à des parties de murs ruinés, qui paroissent dépendre d'un monument beaucoup plus considérable. Peut-être en relevant plus exactement que nous ne l'avons fait, le plan général de

Pl. 61.

Vue de la Ville de Philatréa.

l'édifice et des alentours, trouveroit-on que cette porte, dont le mur est fort épais et très-élevé, appartient à quelque construction antique. Cependant nous n'avons rien remarqué dans la ville qui pût nous faire présumer qu'elle soit ancienne : les maisons sont dispersées sans ordre, et entre-mêlées de jardins qui empêchent d'en saisir l'ensemble, et n'en rendent l'habitation que plus agréable. Les dehors de la ville forment des promenades charmantes par la variété des cultures, séparées par des bosquets d'arbres fruitiers de toute espèce.

## LETTRE LVII.

Philatrea (1), le 30 juin.

Habitans de Philatrea. — Couvent de Caloyers. — Excursion vers l'Arcadie. — Coup d'œil sur ce pays. — Départ de Philatrea.

Nous jugeâmes, à l'accueil que nous fit le primat de cette ville, qu'on lui avoit donné avis de notre arrivée. Un esclave attendoit à la porte de la maison pour nous annoncer : son maître est venu à notre rencontre, et a fait ouvrir aussitôt son propre appartement, qu'il nous a cédé pour tout le temps de notre séjour. Après les complimens et les cérémonies d'u-

---

(1) Philatrea. La position du lieu qui porte ce nom moderne paroît, à M. Barbié du Bocage, répondre à celle de l'ancienne Erana.

Dans le journal du voyage fait en Grèce par M. Foucherot, en 1780, on lit le détail suivant : « Le 27 octobre 1780, nous sortîmes
» de Navarin (M. Fauvel et moi) à six heures du matin ; nous
» contournâmes, pendant trois heures, le port, par d'assez mauvais
» chemins, et traversâmes quatre petites rivières. Trois quarts
» d'heure après nous nous trouvâmes dans un pays plat, ayant à
» notre droite un petit village sur une montagne, et à notre gauche
» l'île Proté. Nous continuâmes à marcher dans une belle plaine
» inculte, et vîmes, après trois heures, nous reposer au bord
» d'une rivière. Une heure et un quart plus au nord, nous traver-

sage, le primat a parcouru nos lettres de recommandation, et bientôt nous a quittés pour nous laisser prendre du repos.

Notre chambre est fraîche et bien aérée : on y entre par la galerie couverte, qui fait le tour de la maison. Sur l'appui sont rangés des vases de fleurs : les piliers qui soutiennent la saillie du toit, sont entourés de chèvre-feuilles et de jasmins qui montent jusqu'au faîte de l'édifice, et à travers lesquels on aperçoit le jardin.

Nous avons été réveillés par des hirondelles qui se balançoient au-dessus de nos têtes, et sembloient nous regarder avec curiosité, mais sans effroi : elles ont construit leurs nids dans la chambre même. On considère comme fortunées et exemptes de tout accident les maisons qu'elles choisissent : aussi ne les trouble-t-on pas ; et l'une des premières maximes que les mères inspirent à leurs enfans, c'est celle de

---

» sâmes le village de Philatrea, éloigné de la mer d'environ une
» demi-lieue, et dont tout le voisinage est planté d'oliviers, la
» plupart incultes. Une heure après Philatrea, nous passâmes,
» à gué, près d'un moulin, une petite rivière ; trois quarts d'heure
» après, nous en passâmes une autre sur deux ponts ; et enfin, après
» neuf heures trois quarts de marche, depuis Navarin, nous arri-
» vâmes à Arcadia. »

M. Pouqueville en parle comme si elle étoit située plus à l'ouest que Navarin, et même qu'Arcadia, qui, selon lui, représente l'ancienne Cyparisia. « Une garnison seroit, dit-il, dans l'abondance à
» Navarin, à cause du voisinage de Philatrea et d'Arcadia, pays
» abondans, situés plus à l'ouest. » ( Tom. I, ch. II, pag. 21. )

l'humanité et de l'hospitalité envers les animaux comme envers les hommes.

Notre hôte nous a proposé de partager sa table, nous prévenant qu'elle étoit extrêmement frugale, à cause de l'un des quatre carêmes que les Grecs observent rigoureusement. Il a ajouté que, devant partir le lendemain pour sa maison des champs, où l'on faisoit la récolte, il donneroit des ordres pour que nous fussions mieux traités à l'avenir.

Notre compagnon, le Zantiote, nous a fait ses adieux : il part pour la ville d'*Arcadia* avec le primat, dont les possessions se trouvent de ce côté.

Il paroît que nous avons inspiré de la confiance à notre hôte, qui a emmené tous ses esclaves, et n'a laissé chez lui que les femmes ; aussi sommes-nous servis avec plus de recherche et de prévenance. La maîtresse de la maison nous a envoyé saluer par une jeune esclave qui nous a présenté de sa part, une corbeille de fruits et des bouquets de petites roses blanches, entourés d'une touffe de basilic. N'étant pas assez savans dans le langage des fleurs pour traduire cette missive, et y faire une réponse (1), nous

---

(1) Dans le Levant, on se sert de fleurs et d'autres objets qui, par leur réunion et le sens proverbial qu'on leur a donné, peuvent exprimer une suite de phrases, et même former un discours.

nous sommes bornés à demander la permission de remercier nous-mêmes notre hôtesse, et cette faveur nous a été accordée.

L'on nous a introduits dans une salle du harem, éclairée d'un demi-jour : des pastilles du sérail qui brûloient dans un réchaud, parfumoient l'air. L'épouse du primat étoit assise sur le divan, appuyée nonchalamment sur de riches coussins; elle travailloit à une bourse de soie entrelacée de lames d'or, mâchant en même temps du mastic de Chio. Nous avons été surpris de la trouver en tête-à-tête avec un jeune *Papas*, qui causoit assez familièrement avec elle. Nous avons essayé, autant par gestes que par quelques mots grecs et italiens, d'exprimer notre reconnoissance; mais peut-être faisions-nous quelque gaucherie, ou manquions-nous à la politesse d'usage ; car, pendant le cours de notre visite, le jeune directeur et sa belle pénitente n'ont cessé de donner un libre cours à leur humeur joyeuse. Nous n'avons pas tardé à prendre congé, préférant le langage de la nature, que nous comprenions beaucoup mieux, à celui de la société de Philatrea, et nous avons été parcourir la campagne, laissant à la ville la réputation d'êtres insensibles ou peu galans.

Le costume de l'épouse du primat étoit le même que celui de la plupart des Levantines : cet habillement développe les grâces, et accuse les formes. Une simple chemise de gaze transparente couvre le sein sans le cacher, et en modèle les contours. Immédiatement au-dessous, un corset, ou plutôt une large ceinture serre la taille sans la gêner ni la soutenir; une autre ceinture, fermée par de riches agrafes, marque le tour des hanches, et laisse ensuite la robe ouverte pardevant. Mais ce même ajustement, qui a tant d'attraits lorsqu'il est embelli par la jeunesse et la beauté, devient peu favorable à la coquetterie surannée. Les bains de vapeurs, dont les Grecques usent immodérément, déforment de bonne heure le corps, et amollissent les chairs : elles emploient aussi toutes sortes de moyens pour se procurer de l'embonpoint, qu'elles considèrent comme une grande beauté; ce qui, joint à l'effet des bains, peut faire juger que ces deux ceintures, seulement destinées à serrer les vêtemens, doivent en même temps marquer les défectuosités d'une nature affaissée.

L'habillement ordinaire des femmes de Philatrea est surtout remarquable par ses couleurs, qui sont les mêmes que celles du *flammeum*, espèce de voile jaune et rouge, dont on couvroit les jeunes filles de l'antique Grèce lors de la cérémonie du mariage. Les Grecques de Philatrea portent presque toutes des chemises à larges manches et mi-parties de ces deux couleurs ; elles ont aussi des ceintures et de grands voiles bordés de franges rouges ou jaunes. A cet égard nous avons déjà observé que, dans le Levant, la forme et la couleur des habillemens qui souvent désignent la qualité, la profession et même le pays des individus, ne sont pas sujettes, comme chez nous, à varier suivant les caprices de la mode, et que les costumes d'aujourd'hui sont à peu de chose près les mêmes que ceux qui ont été décrits par les premiers voyageurs. Il est donc possible qu'à raison de quelque circonstance particulière que nous ne connoissons pas, l'usage du flammeum ait été affecté aux femmes de ce pays, et qu'il se soit transmis d'âge en âge jusqu'à nos jours.

*Le 4 juillet.*

Notre karaboukier est arrivé à bon port avec nos effets ; mais il nous a demandé le temps nécessaire à la vente de sa cargaison de calembrok. Nous lui avons accordé plusieurs jours, que nous emploierons à faire une excursion vers l'Arcadie, dont nous sommes peu éloignés.

Dans nos promenades, nous avions déjà visité un petit couvent de Caloyers, situé à quelques milles dans les montagnes. L'un de ces religieux, beaucoup plus instruit qu'ils ne le sont ordinairement, nous avoit offert de nous servir de guide; ayant accepté sa proposition, nous avons été coucher à son couvent, qui est situé, comme la plupart des monastères, dans un endroit élevé. Cette position, choisie par les premiers anachorètes, semble leur avoir été indiquée par le désir de s'isoler du reste des vivans, et de se rapprocher de la Divinité.

Réveillés long-temps avant le jour par le Caloyer, nous nous sommes aussitôt mis en marche. Il nous a menés par des sentiers tracés sur la crête des montagnes, et qui, en abrégeant notre route sans la rendre beaucoup plus fatigante, nous ont conduits vers le sommet de l'une des plus élevées de la chaîne qui séparoit l'ancienne Messénie de l'Arcadie. C'est de ce point central que nous devions promener nos regards sur la presqu'île de la Morée, et nous attendions avec impatience que la clarté du soleil nous dévoilât la célèbre Arcadie. Il suffit de nommer ces vallons ainsi que ceux de Tempé, pour faire jouir l'imagination d'idées fraîches et riantes : jugez de l'impression que la réalité de ces mêmes objets dut produire sur nous.

Les anciens comparoient leur Elysée à cette contrée délicieuse, et les descriptions qu'ils en ont faites peuvent encore lui convenir. Il n'appartient qu'à la nature de ne jamais vieillir. L'Arcadie paroît être son berceau ; elle y est toujours jeune et toujours fleurie.

J'ai déjà esquissé l'aspect de quelques parties agréables de la Morée : ici mes pinceaux seroient insuffisans. Le tableau qui s'offrit à nos yeux nous frappa de surprise et d'admiration : il faudroit, pour le rendre, rassembler toutes les richesses de la végétation spontanée et de la culture ; réunir les parfums les plus balsamiques, et les nuances les plus délicates du coloris.

Isolés sur la pointe de cette montagne, entourés d'un si vaste horizon, nous faisions remarquer à notre conducteur la petitesse de l'homme comparé à cette immensité. *L'homme est petit en effet, mais que son œil est vaste !* nous a répondu le Grec réfléchi, et il a commencé froidement à nous décrire le pays.

Autour de nous et dans un grand éloignement, la vue étoit bornée par des chaînes de montagnes : seulement du côté de Philatrea, elles sembloient s'abaisser pour nous laisser voir la ligne de mer. Entre les montagnes intermédiaires, moins élevées, et dont la plupart étoient couvertes de bois, nous distinguions des vallées toujours vertes ; des ruisseaux s'égaroient sous les arbres, reparoissoient plus loin à travers les prairies, ou circuloient à travers leurs rivages bordés de lauriers, de cytises, de myrtes et de saules pleureurs : plus loin plusieurs petits lacs réfléchissoient le bleu vif du ciel ; d'un autre côté on voyoit des rochers stériles, dont les coupures étoient percées de grottes que notre conducteur nous dit être encore habitées par des ermites. Quelques hameaux se faisoient remarquer dans les sites les plus heureux, et des ruines qui s'élevoient au sommet des monts, ou du milieu des bois, attestoient l'ancienne population de cette contrée, qui a souffert autant que le reste de la Morée, dans la dernière guerre.

Les Albanais ravagèrent ce pays ; mais la nature abondante eut bientôt recouvert de verdure et de fleurs les traces de sang dont le sol étoit trempé. Les Arcadiens se retirèrent avec leurs troupeaux, dans des retraites qu'ils croyoient inaccessibles. Un grand nombre en furent chassés : obligés de fuir, ils s'embarquèrent avec leurs familles, faisant un dernier adieu à leurs pénates, et allèrent dans des contrées paisibles acquérir une autre patrie.

Parmi tant de désastres, des actes de dévoûment et d'héroïsme contrastèrent avec des scènes d'horreur. Une jeune mère arcadienne, surprise, dans la campagne, par une troupe d'Albanais qui brûloit sa chaumière, fuyoit éplorée ; mais son enfant au berceau étoit resté au village, et alloit être la proie des flammes. Elle s'arrête, retourne sur ses pas, arrive à son habitation, et y retrouve son fils qu'elle emporte, échappant aux bras ensanglantés qui veulent la saisir. Eperdue, elle court vers la montagne : on la poursuit; elle franchit tous les obstacles avec son précieux fardeau ; enfin, elle arrive à une plate-forme entourée de rochers. Une seule issue se présente ; c'est un précipice. Le retour est impossible ; les ravisseurs sont prêts à la joindre : elle élève alors ses mains suppliantes vers le Ciel, fait une courte prière, et au moment où on alloit la saisir, elle se précipite avec son enfant.

Une croix est élevée en cet endroit.... Quelle mère la verra sans frémir! et quelle âme sensible la contemplera sans verser des larmes ! Cette croix, simple et fragile monument, peut être détruite; mais le rocher et la montagne existent: ils seront le monument indestructible de l'amour maternel et du délire de la liberté.

Nous ne pouvions nous arracher à l'admirable spectacle qui nous entouroit. Quels grands souvenirs assiégeoient notre âme ! Planant sur l'Elide, l'Arcadie et la Messénie, Olympie devoit se trouver sous nos yeux, ainsi que Mégalopolis et Messène. Nous foulions aux pieds les sources de l'Alphée et de l'Eurotas.

C'est là, sur ce point élevé, que nous aurions voulu rassembler tout ce qui nous étoit cher, faire partager à l'amitié la surabondance de sentimens et d'hilarité dont nos cœurs étoient pleins.

C'est aussi sur cet ancien théâtre des arts que nous appelions les artistes de notre patrie. Peintres, statuaires, c'est dans les plaines de l'Arcadie, sur les bords de l'Eurotas, au milieu des jeux et des danses d'une belle jeunesse, que vous recueillerez une abondante moisson d'idées nouvelles et sublimes : vous y retrouverez aujourd'hui la forme grecque dans toute sa primitive beauté. C'est encore la patrie de Vénus et de Mars, de tous les dieux et des héros de la fable, que les anciens artistes nous ont présentés dans leurs statues, comme le type du vrai beau. Vous y reconnoîtrez que ce beau idéal n'existe que dans la nature, plus parfaite que tout ce que l'imagination peut créer, et même concevoir.

Les anciens statuaires avoient sans doute plus d'occasions que nous n'en avons pour étudier le nu. Le climat les favorisoit ; les vêtemens couvroient les formes sans les cacher ; les danses, les jeux gymnastiques, et surtout les athlètes, leur offroient le corps dans tout son développement de grâce et de vigueur.

Les mêmes occasions se présentent dans la

Grèce moderne : les vêtemens des Grecs sont encore aujourd'hui à peu près tels qu'ils étoient autrefois; leur gymnastique est la même : on y retrouve jusqu'aux combats de lutteurs. Leurs danses sont vives, voluptueuses ou guerrières : ils sont adroits nageurs, bons écuyers; ils excellent, en un mot, dans tous les exercices qui exigent de l'adresse ou de la force. Les femmes, moins sédentaires que les nôtres, se livrent aussi à des jeux variés ; elles ont aussi des danses pantomimes et voluptueuses, qui donnent à leur corps de la souplesse, et à leurs mouvemens un charme irrésistible.

La température de l'air, qui paroît être la même qu'autrefois, permet aux Moraïtes de se vêtir légèrement. Les paysans ne sont couverts que d'une courte tunique. C'est chez eux que l'on voit ces formes athlétiques prononcées, ces poitrines larges et unies, ces cous ronds et élancés, qui n'ont jamais été comprimés par les liens dont nous nous entourons. Leurs bras nus, toujours en activité, ont acquis la plus grande vigueur. On remarque aussi ces têtes de jeunes gens, ornées de cheveux blonds, dont les boucles naturelles ombragent le front et tombent sur les épaules. C'est dans le même pays qu'on retrouvera ces belles têtes de femmes, dont le profil est si pur, l'œil si bien enchâssé, et le sourire si attrayant. Leur coiffure retrace celle des jeunes filles de Lacédémone ou d'Athènes ; leur longue chevelure est divisée en une infinité de nattes qu'elles laissent flotter à l'abandon, ou qu'elles nouent de mille manières différentes, tantôt sur le front en forme de diadème, tantôt rassemblées en spirale derrière la tête, ou retenues par des bandelettes. Leur sein est à peine voilé par une mousseline légère : une ceinture entoure leur taille, et le reste de leurs vêtemens ondoie en larges plis. Sortent-elles du logis, un voile, posé sur leur tête, marque le contour du visage, est rejeté sur l'épaule, ou rattaché en écharpe, et les extrémités, garnies de franges ou de broderies, flottent derrière elles. On peut juger que ces vêtemens, loin de gêner le développement du corps, doivent lui donner de la souplesse et de la grâce. Une femme d'esprit (Miladi Montagu) a dit avec raison, qu'apercevant un vieux pacha qui se réchauffoit au soleil, assis à la porte de son palais, et entouré d'autres vieillards à longue barbe blanche, il lui sembloit reconnoître le roi Priam avec ses ministres. Un artiste verra de même dans ce pays de modernes Orphées, moins habiles sans doute que l'ancien, mais se servant aussi de la lyre ; des marins plus hardis que les compagnons d'Ulysse ;

de jeunes filles tressant des couronnes de fleurs avec autant de goût que la célèbre bouquetière d'Athènes ; enfin, il retrouvera l'énergie, la fierté et la force des soldats spartiates dans leurs descendans les Magnotes.

Peintres de paysages, accourez aussi dans cette contrée : le soleil y luit dans toute sa splendeur sur un ciel d'azur, dépouillé de ces vapeurs grisâtres qui le voilent souvent dans nos climats, et donnent aux objets une teinte uniforme. Quels souvenirs ne se mêleront pas aussi à l'étude du paysage ! Ici une colonne, debout au milieu des ruines, retracera l'existence d'un temple jadis visité par une foule religieuse. Là, quelques pans de murs marqueront seuls l'enceinte d'une ville antique, qui est rentrée dans la poussière avec tous ses habitans. Plus loin, une grotte sauvage, servant de retraite à des pasteurs, rappellera les mœurs simples de l'âge d'or. Le paysagiste apercevra aussi, dans la plaine fertile, le laboureur dirigeant la simple charrue grecque traînée par deux taureaux; ou, s'il porte ses pas dans les champs de la mort, sous l'ombre épaisse et froide des cyprès, il soupirera à l'aspect d'une tombe couverte de fleurs, qu'une main reconnoissante vient d'arroser, tandis que près de là, sous des berceaux fleuris, des danses vives ou voluptueuses distrairont ses regards.

*Et in Arcadiâ ego!* pourra-t-il s'écrier à son tour, et composer des tableaux dignes du Poussin.

Qu'on ne croie pas que ceux que je viens de tracer soient uniquement le fruit de l'enthousiasme : la Grèce possède même encore le germe de tous les arts. Ce germe pour être comprimé, n'en existe pas moins. Les Grecs modernes exécutent de nos jours des tableaux, médiocres à la vérité pour l'invention et le dessin, mais dans lesquels on remarque, pour les airs de tête, les poses du corps et le jet des draperies, quelque rapport avec l'antique. Ils copient imparfaitement, il est vrai, ce qui s'offre journellement à leurs yeux; néanmoins leurs modèles sont si beaux, si frappans, qu'ils ne peuvent leur faire perdre ce caractère.

On retrouve dans ces peintures ce qu'on nomme *style*, et que beaucoup d'artistes n'ont pu saisir, parce qu'ils ont sans cesse à lutter contre l'imperfection de leurs modèles ; ou s'ils se trouvent forcés de recourir aux types antiques, il en résulte une contrainte qui ne produit le plus souvent que des ouvrages peinés, froids et sans expression. Les Grecs peuvent choisir au milieu d'une foule de beautés, la beauté la plus parfaite : nous ne pouvons que rassembler des beautés de détail, éparses dans une multitude d'individus. Quel tort cette recherche minutieuse ne fait-elle pas au génie !

Ce n'est donc point dans les tableaux ni dans les statues qu'un élève trouvera les meilleurs modèles. Ce n'est pas en combinant, ni même en se pénétrant des idées des Raphaël et des Michel-Ange, qu'on produira comme eux des chefs-d'œuvre ; c'est en se pénétrant, comme ils l'ont fait, des perfections de la nature.

En effet, quoique Raphaël eût sous les yeux les modèles antiques, on ne les reconnoît point dans ses tableaux : il s'en est servi peut-être pour régulariser et proportionner ses figures, mais il ne les a pas copiés. C'est dans la nature vivante qu'il a puisé ses immortelles pensées. Ses têtes de Vierge n'ont aucun rapport avec l'antique : l'expression même de la Vénus pudique ne pouvoit convenir à ce sujet; c'est dans sa patrie qu'il a vu ces attraits modestes et divins, qui ne peuvent appartenir qu'au sentiment qui les inspire. Les costumes de son temps étoient aussi plus pittoresques, et je conçois qu'il est difficile de retrouver sous nos vêtemens mesquins, et qui nous serrent toutes les articulations, la beauté des formes antiques. C'est une raison de plus pour que nos artistes aillent la chercher en Grèce, où ils reconnoîtront les modèles qui servoient aux Phidias et aux Praxitèles. C'est dans le même but, celui de s'inspirer de grands souvenirs et des restes imposans de l'antique Rome, que nos jeunes élèves désirent faire le voyage d'Italie. Consultez-les à leur retour ; ils avoueront qu'ils ont plus retiré de véritable instruction de la vue des descendans des Romains, que des ouvrages de l'école romaine. Ils auront remarqué avec intérêt les groupes de Transteverins enveloppés dans leurs manteaux, et jusqu'aux mendians à moitié nus, dans l'action de gens qui s'exercent à des jeux très-expressifs, ou qui, dans leurs disputes animées et même violentes, se permettent souvent des voies de fait. Ces scènes auront frappé nos jeunes artistes, parce que les individus qui y jouent un rôle, ont des traits mâles et parfois grandioses ; que leur ajustement est simple et pittoresque, et que leur corps présente de belles formes.

Au reste, pour juger du parti qu'un artiste peut tirer d'un voyage en Grèce, il suffit d'examiner les dessins faits d'après nature dans ce pays, par un habile peintre français, M. Caraffe. Ces dessins, qui ont été exposés au salon du Louvre, portent le plus grand caractère : on y remarque une nature plus mâle, plus sauvage, et, si je puis m'exprimer ainsi, une teinte orientale, qui ne ressemble en rien aux expressions efféminées de quelques tableaux modernes. Ce ne sont que de légers croquis ; et cependant quelle diversité dans les caractères de tête ! et combien seroient intéressantes de telles compositions transportées sur une plus grande échelle ! Un amateur éclairé des arts, artiste lui-même, M. Denon, dans son Voyage d'Egypte, a bien senti l'importance de cette étude. Il a donné une suite de têtes d'expression, dessinées également d'après nature, dans cette contrée. On y reconnoît aussi ce même goût oriental, aussi neuf que varié, et dont l'emploi bien entendu peut servir dans la composition d'une foule de sujets de l'histoire ancienne, qu'on ne représentera jamais aussi bien en employant le caractère de nos physionomies qui n'ont presque aucun rapport avec celles des Grecs et des autres peuples de l'Orient.

L'on me pardonnera sans doute cette digression en faveur des motifs qui me l'ont inspirée. Heureux si elle peut faire naître à un artiste, amant de la nature, le désir d'aller lui-même l'étudier dans ce pays célèbre !

Après avoir donné carrière à notre imagination, et promené long-temps nos regards sur tous les points de l'horizon, cherchant en vain à reconnoître les limites de pays célèbres, et l'emplacement de villes anciennes dont il ne reste plus de vestiges, nous sommes descendus dans les plaines voisines, que nous avons parcourues avec un plaisir qu'on sent mieux qu'on ne l'exprime.

Le bon Caloyer nous ramena le soir à son couvent; et le lendemain, lorsque nous le quittâmes, il nous força d'accepter une provision de fruits du pays, et entre autres des dattes fraîches, des oranges musquées, et des grappes de raisin de Corinthe, encore attachées à leurs pampres : il en chargea un esclave qui devoit nous accompagner jusqu'à la ville.

Le karaboukier nous attendoit pour mettre à la voile : le vent étoit favorable, et nous avions plusieurs milles à faire pour gagner le petit port où étoit ancré notre bateau; aussi avons-nous eu à peine le temps nécessaire pour faire nos adieux au primat qui étoit de retour, et à qui nous avons fait part des dons du Caloyer. Nous avons trouvé autant de délicatesse dans les serviteurs de notre hôte, que chez les pasteurs nomades; et malgré nos instances ils n'ont rien voulu accepter.

Nous sommes enfin partis de Philatrea, emportant l'idée la plus favorable des habitans de cette contrée hospitalière.

## LETTRE LVIII.

*Des côtes de la Morée, le 6 juillet.*

Description de la plage voisine de Philatrea. — Ruines antiques. — Vue des côtes de la Morée, jusqu'à la hauteur de l'île de Zante.

En arrivant dans l'anse où étoit notre bateau, nous avons été surpris de voir la mer briser violemment sur les rochers de la côte, quoique le temps fût d'ailleurs assez calme.

Le karaboukier nous a néanmoins assurés que nous partirions dans quelques heures, malgré l'agitation des vagues, occasionnée par un fort courant qui se trouve resserré entre la côte et une barre de rochers, ou plutôt par les restes d'une jetée qui fermoit, nous a-t-il dit, ce petit port. Ayant examiné attentivement si cette construction ne se lioit pas avec d'autres ruines de la côte, nous avons jugé que des monceaux de sable, dispersés sur le rivage, devoient recouvrir des fondations antiques.

La plage, fort basse en cet endroit, étoit entourée de ces monticules qui pouvoient renfermer un port d'une vaste dimension. La nuit qui s'approchoït, ne nous a pas permis de reconnoître s'il n'existoit pas aux environs d'autres débris qui auroient confirmé notre opinion sur l'existence d'une ancienne ville, qui seroit alors celle de *Cyparissia*, indiquée à peu près à cette place.

Ayant visité le bateau, nous nous sûmes gré d'avoir apporté des provisions pour le voyage; car les marins grecs, extrêmement sobres, surtout dans le carême, se contentent de biscuit de farine de calembrock, de quelques olives ou de poisson séché. Plusieurs gens d'assez mauvaise mine, qui se trouvoient sur le rivage, se sont assis familièrement pour souper avec nous. L'hospitalité, dont nous avions fait nous-mêmes un si fréquent usage, ne nous permettoit pas de le trouver mauvais; mais nous avons demandé en italien, à notre patron, s'il prétendoit nous donner ces gens pour compagnons de voyage: il nous a répondu affirmativement. Nous lui avons fait observer que cela n'entroit pas dans nos conventions, et que le bateau, qui étoit fort étroit, ne pouvoit nous contenir tous pendant la nuit, sans que la manœuvre en fût gênée : il a insisté. Nous l'avons menacé de retirer aussitôt nos effets de son bord, et d'aller dans un port voisin où nous trouverions facilement l'occasion de passer à Zante. Alors il a tiré ces Grecs à l'écart. Si nous n'avions pas connu déjà les habitans de ce pays, nous nous serions crus en danger, à en juger par leur conversation animée et les regards menaçans qu'ils jetoient sur nous ; mais persuadés que de la fermeté et du calme suffiroient pour leur en imposer, nous avons paru ne prendre aucune part à la discussion, et nous nous sommes couchés sur le sable, enveloppés dans nos manteaux, comme pour dormir. Aussi bientôt après le patron est venu nous annoncer que nous partirions seuls ; et, ces Grecs s'étant éloignés, il s'est couché lui-même auprès de nous.

Nous nous sommes embarqués à la pointe du jour. La mer étant encore houleuse, pour se garantir des lames, on avoit eu soin d'élever, sur les côtés du bateau, un bordage d'un pied et demi, formé d'osier et d'algues marines entrelacées. Sans cette précaution je ne sais si nous aurions pu nous débarrasser assez promptement de l'eau qui entroit encore dans le bateau, à cause de la position inclinée que le vent le forçoit de prendre, et de la hauteur des vagues qui couvroient d'écume l'antique jetée. Nous avons eu de la peine à surmonter cet obstacle, au-delà duquel la mer nous a paru presque tranquille.

C'est à regret que nous quittions le Péloponèse

et ses rivages parés d'une éternelle verdure, qui nous offroient une suite de tableaux enchanteurs ; car le temps qui abat et enfouit journellement les monumens de la gloire et du génie des anciens habitans de ce pays, semble respecter les fleurs qui couvrent leur tombe. Notre frêle embarcation, craignant les hasards de la haute mer, longeoit modestement le rivage, tantôt à l'aide de la voile, et tantôt à la rame : ou s'aventuroit parfois d'un cap à l'autre, sans néanmoins jamais perdre de vue la terre, et nous avons côtoyé de cette manière la Messénie et l'Elide jusqu'à la hauteur de l'île de Zante.

Nous distinguâmes d'abord les superbes oliviers qui entourent la petite ville d'Arcadia, et qui ombragent presque toute la côte de la Messénie. Leur feuillage, plus touffu, et d'un vert moins pâle que les nôtres, contraste cependant avec les chênes, les orangers et les lauriers auxquels ils se mêlent, et qu'ils rivalisent en hauteur. Dans l'intérieur des terres l'on aperçoit des chaînes de montagnes également boisées, qui se prolongent dans tous les sens, et sont dominées, dans cette partie, par les cimes du Pholoë. Fier du riche pays qui fleurit à ses pieds, il peut se nommer le rival fortuné du stérile Taygète.

Depuis l'embouchure de la rivière de la Néda,

qui fixe les limites de la Messénie et de l'Elide jusqu'à celle de l'Alphée, le pays est également couvert de forêts séculaires, où l'on pourroit trouver de beaux bois de construction, qu'on laisse tomber rongés de vétusté. L'Alphée sort des montagnes de Leondari, traverse le territoire fertile de Carithéna, et ses eaux, grossies dans leur trajet par une foule de ruisseaux, vont se perdre dans les sables amoncelés à son embouchure, à deux lieues de *Pyrgos*, et y forment des lagunes et des marais. La côte est poissonneuse : on y a établi des pêcheries et des salines ; la chasse des oiseaux aquatiques y est aussi abondante. Mais, en remontant ce fleuve, et aux environs de Carithéna, on trouve d'excellens pâturages qui nourrissent d'innombrables troupeaux. Le beurre et les fromages de ce canton sont fort estimés, et forment une branche de commerce considérable.

Le 7 au soir, nous avons été pris de calme à la vue de cette plage, qui recèle les ruines d'Olympie. Le ciel, vers la partie orientale de l'horizon, nous a présenté un phénomène remarquable : c'étoit une vive clarté qui paroissoit lancer des rayons divergens, moins prononcés que ceux que le soleil projetoit dans le même instant à la partie opposée de l'horizon. L'atmosphère, légèrement brumeuse, étoit enflammée de ces deux clartés réunies et correspondantes : il n'existoit point d'ombre prononcée, le reflet étant presque aussi vif que la lumière.

Revenus de l'étonnement que nous a causé ce phénomène, nous avons cherché à l'expliquer, en supposant que la mer, effectivement très-calme et unie en ce moment, faisoit l'office d'une glace qui réflétoit, suivant les règles de la catoptrique, l'image du soleil et ses rayons à l'opposite du lieu où il se trouvoit réellement, et que cette image se peignoit sur la vapeur qui la rendoit sensible. Cela nous a rappelé les prestiges de la *Fata Morgana*, que le peuple admire en tremblant, à Naples et en Sicile. Les anciens et les modernes ont remarqué maintefois que pendant la canicule, après que la mer et l'air ont été fort agités par les vents, et lorsqu'un calme parfait y succède, il paroît, à la pointe du jour, dans cette partie du ciel qui est sur le détroit de Messine, un grand nombre de figures de formes différentes et singulières, dont quelques unes sont en repos, et d'autres se meuvent avec beaucoup de vitesse : on distingue même des paysages, des maisons, et jusqu'à des figures humaines. A mesure que la lumière augmente, ces formes semblent devenir plus aériennes, jusqu'à ce qu'enfin elles disparoissent entièrement un peu avant le lever du soleil. Cet effet étrange, confirmé par le témoignage de tout un peuple, et même par des savans (1) qui ont cherché à l'expliquer, ne pourroit-il pas être également produit par des objets réels que les eaux de la mer réfléchissent, et qui se peignent sur les nuages ?

Le 8, on nous fit remarquer Gastouni : sous ses murs coule une petite rivière qui porte le nom de cette ville. Cette rivière, qui pourroit être l'ancien Pénée, n'est pas considérable : en hiver seulement elle reçoit, à son embouchure, des caïques : sa source est vers Carithéna. A deux lieues de Gastouni, il existe des ruines qu'on dit être celles d'Elis ; elles se trouvent près d'un village, appelé Palæopola. Ces restes sont dispersés au pied d'une colline qui paroît formée elle-même de décombres. On prétend aussi, quoique avec moins de fondement, que le site de l'antique Elis doit se chercher vers Pyrgos et Olympie (2), au village de Palæopola. Il est aussi à remarquer qu'il existoit un

---

(1) *Voyage en Sicile et à Malte*, par Brydone. Voyez également Lanti, Giardina, Gallo de Messine.

(2) M. Fauvel a, depuis, visité avec soin le local, et reconnu, d'une manière certaine, le site d'Olympie, dans les ruines qui se trouvent à deux lieues de Pyrgos.

Je crois devoir joindre à ces détails quelques notes succinctes, que M. de Bermont a bien voulu me communiquer, relativement à d'autres villes célèbres du Péloponèse, dont la place n'est point encore bien reconnue. « Les voyageurs s'accordent assez à trouver

petit lieu du nom de Pyrgos, indiqué, sur les cartes du *Voyage d'Anacharsis*, à peu de distance de la Néda. Ne pourroit-on pas plus naturellement la supposer à la place qui porte encore le même nom? C'est souvent par la fixation de lieux de peu d'importance, qu'on peut être aidé dans la recherche de quelques villes célèbres dont il n'existe pas de vestiges apparens. On doit aussi s'étonner, et il est même affligeant que l'existence de ces mêmes villes soit encore un problème. L'on s'en rapporte, à juste titre, aux notions que les anciens historiens et géographes grecs nous ont transmises; mais, comme les livres ne sont pas toujours d'accord, on devroit parfois consulter les traditions du pays que l'on rejette peut-être trop légèrement.

---

Messène sur le penchant d'une montagne appelée aujourd'hui Vulcanello: on y remarque en effet des ruines qui se trouvent au fond du golfe de Coron, dans la partie occidentale. Parmi ces ruines, on croit reconnoître la situation des portes.

» Il y a, dans le haut Magné, deux villages appelés Apano-Mantegna et Kato-Mantegna, dont les habitants prétendent descendre des Mantinéens d'Arcadie, qui occupoient une partie de la plaine de Tripolitza. Le lac de Pheneos est vraisemblablement l'étang de Phonia, qui peut avoir deux lieues carrées. Cette ville est à six lieues de Corinthe et d'Argos. A trois lieues de Navarin est une forêt nommée Cocla, que quelques personnes prennent mal à propos pour celle de Némée. On croit Vostiche bâti sur les ruines d'Ægium, et que Sycione se trouvoit où est aujourd'hui Agi-Aloïs, grand monastère fort révéré des Grecs, sur la côte du golfe de Lépante. Les sites d'Argos et de Corinthe sont bien déterminés. »

## LETTRE LIX.

De Zante, le 9 juillet.

Arrivée à Zante. — Description de la ville. — Artiste grec. — Mœurs des habitans.

Le 9, nous avons aperçu l'île de Zante, et au-delà les deux Céphalonies, dont les montagnes sont plus élevées. A notre droite se trouvoit la pointe la plus avancée de la terre-ferme, sur laquelle est situé le château de la Morée.

L'on a couru une longue bordée vers Zante, que nous avons presque touchée; mais quoique notre barque tînt bien le vent qui étoit contraire, nous avions trop dérivé pour espérer de tourner à la rame le cap avancé, derrière lequel la ville est située; ce qui nous a obligés de revirer de bord, et de louvoyer le reste de la journée. Ce n'est même que le soir que nous avons jeté l'ancre dans le port de l'ancienne Zacynthe. Nous avons fait aussitôt transporter nos effets à une auberge, qui est située sur la place de la ville, et nous y avons retrouvé, avec quelque plaisir, les habitudes européennes.

Nous désirions aller saluer M. Guis, consul de notre nation : l'on nous y a conduits. La maison étoit remplie de gens armés, dont nous avons eu peine à percer la foule, quoiqu'on nous traitât avec beaucoup d'égards. Nous avions déjà remarqué du mouvement sur la place et dans la ville. Le consul nous a expliqué cette énigme. On attendoit des troupes françaises qui devoient prendre possession de l'île de Zante, comme on avoit déjà fait de Venise et des autres Etats de cette république; et il nous a appris enfin, sur notre patrie et ses armées triomphantes, une foule de détails intéressans que nous ignorions. M. Guis organisoit en ce moment une garde nationale, dont il avoit été nommé commandant. Elle devoit occuper les postes, et faire le service de la place conjointement avec les troupes vénitiennes. Des députations des diverses corporations de la ville étant survenues, nous laissâmes notre consul vaquer à ses importantes fonctions, et retournâmes à notre auberge, où les oisifs d'un café voisin nous attendoient pour nous questionner sur des événemens qu'ils connoissoient beaucoup mieux que nous-mêmes.

La ville de Zante est bien bâtie; elle présente absolument l'aspect d'une ville italienne. On peut en juger d'après mon dessin, qui est

Vue de la Ville de Zante prise de la place.

pris de dessus la place (*Planche LXII*) : on y remarquera une longue rue qui traverse tout Zante, et qui est bordée d'églises et de belles maisons soutenues par des colonnades, ou percées d'arcades qui servent d'abri et de promenades aux habitans. A droite, au-dessus des maisons, on voit un petit couvent et une portion de la citadelle, qui a été ruinée par le dernier tremblement de terre. Cette île est souvent exposée à ce fléau. On nous a assurés qu'environ tous les vingt-cinq ans il y a des tremblemens de terre remarquables, et qu'il existe au-dessous du sol un foyer de chaleur et de fermentation intérieure qui se manifeste au dehors par des mofettes, des sources d'eau chaude, et même de goudron naturel. On ajoute que cette même cause donne une activité étonnante à la végétation.

Le port de Zante est spacieux. Pour le rendre plus sûr, on travaille en ce moment à une jetée qui s'avance fort loin en mer, et qui le fermera presque entièrement. Cette jetée servira de promenade, et les navires pourront s'en approcher assez pour avoir la facilité d'y débarquer les marchandises.

On a appelé l'île de Zante l'Ile-d'Or, en raison de sa fertilité et de la richesse, du coup d'œil de ses campagnes, qui, en effet, sont d'un grand revenu pour les Vénitiens, surtout pour la récolte de l'*uva-passa*, raisin sec dit raisin de Corinthe, quoique le plus estimé se recueille ici.

Entre les deux ports, l'un situé au nord, l'autre au midi, il existe un promontoire du côté de l'orient; c'est une très-haute montagne, au sommet de laquelle il y a une église dite Madonna di Scoppo, où l'on vénère une image miraculeuse. Outre la ville de Zante, il y a, dit-on, cinquante villages très-peuplés. La ville est opposée au couchant, et adossée à la montagne qui supporte la forteresse. La réverbération du soleil est telle, ces hauteurs abritant la ville du vent du nord et du levant, qu'en hiver il y fait aussi chaud que chez nous pendant l'été. Cette montagne rend un autre service bien plus important; elle contient de vastes réservoirs, d'où il s'échappe continuellement des sources d'une fraîcheur et d'une limpidité remarquables.

Ayant visité plusieurs églises grecques, qui sont d'une architecture agréable, nous y avons reconnu le goût italien pour la peinture et la scuplture : il y a des plafonds peints à fresque. Dans la cathédrale, parmi beaucoup de tableaux médiocres, nous en avons cependant distingué un représentant saint Elie, et qui paroît d'une bonne école. On nous a parlé avec éloge des talens d'un *Papas*, que nous nous sommes empressés d'aller voir.

Cet homme passe pour fort original ; il est peintre, musicien et poëte. On dit qu'il réussit surtout dans le genre satirique. Nous n'avons pas été à même d'apprécier ses poésies, qui sont composées et écrites en grec. Quant à ses tableaux, ils sont faits avec une facilité qui ne seroit pas sans quelque mérite s'il étudioit davantage la nature, et qu'il maîtrisât un peu plus son génie. Ce Grec, né avec une imagination ardente, auroit excellé peut-être dans un art s'il ne les eût pas embrassés tous à la fois. On lui attribue un plaisant acte de vengeance : il fit une chanson satirique contre un particulier de la ville, qui lui reprochoit de ne donner aucune ressemblance à ses portraits. Le particulier ne s'étant que trop reconnu dans la satire, fit recommander au poëte la discrétion, de manière à le convaincre des dangers auxquels l'exposoit son talent poétique. Notre Grec faisoit en ce moment un tableau d'église, qui représentoit le martyre d'un Saint, et il emprunta la figure du donneur d'avis pour en faire un des bourreaux.

Les talens variés de cet artiste, et la facilité de pouvoir converser avec lui en italien, nous ont fait rechercher sa société. Ayant déjà comparé la vivacité du coloris des peintures orientales, dont quelques unes sont exposées depuis long-temps aux injures de l'air, à ce qui nous reste de peintures antiques, avec lesquelles elles ont encore d'autres rapports, nous espérions que le peintre zanthiote nous donneroit quelques éclaircissemens sur cet objet. Notre ignorance de la langue grecque s'y étoit opposée jusqu'à cette heure, et plus encore la réserve que les artistes grecs observent envers les étrangers, et même entre eux, imitant en cela les peintres flamands, qui composoient leurs couleurs, leurs vernis, et ne transmettoient ces recettes qu'à des élèves qui souvent les ensevelissoient avec eux dans la tombe. Nous questionnâmes donc avec empressement le malin papas, qui, à toutes nos instances, répondoit en souriant : *È l' antica maniera, buona per noi, ma no per coi altri maestri.* Nous avions beau le prier de s'expliquer plus clairement, nos sollicitations ne pouvoient obtenir d'autre réponse que *Basta, basta.....* Aussi ai-je moins appris de lui que je ne lui ai dérobé, et ne suis-je parvenu que par supercherie à pénétrer son secret (1).

---

(1) J'ai donné les détails de ce procédé dans la Lettre relative à la peinture chez les Orientaux.

J'ai cependant besoin, avant de vous détailler son procédé, de faire, avec soin et à loisir, des essais; car ce n'est que par la pratique que je pourrai m'assurer de la vérité de ce qu'il avance, relativement aux avantages de cette manière de peindre, qui, je n'en doute pas, est véritablement antique, aussi bien qu'une foule d'autres usages que les Grecs modernes ont conservés de l'héritage de leurs ancêtres. Au reste, pourquoi dédaigneroit-on leurs procédés, qui, pour être imparfaits, ne nous guideroient pas moins sûrement dans la recherche des arts antiques, que la lecture des écrivains de l'antiquité, qu'on commente encore parce qu'on ne les entend pas, et qu'on ne comprendra même parfaitement que par ce moyen.

Les promenades des environs de Zante sont fort agréables; seulement on y désireroit un peu plus d'ombrage; mais les points de vue sont variés; ils présentent un grand nombre de *casins* ou maisons de plaisance, d'une architecture élégante, et entourés de diverses cultures.

Nous n'avons rencontré dans nos courses, ainsi que dans les rues de la ville, qu'un petit nombre de femmes, et encore sont-elles habillées si singulièrement qu'il est impossible de juger jusqu'à quel point est fondée l'opinion qu'on a de leur beauté. Elles portent deux jupons de taffetas noir, l'un qu'elles laissent traîner, l'autre qu'elles retroussent par-dessus leur tête. Elles mettent, en outre, sur leur figure un masque (1) de velours noir, bordé d'une petite dentelle; et, pour compléter le ridicule de cet ajustement, leur tête est couverte d'un chapeau à trois cornes, de la forme des nôtres, orné d'une cocarde noire, surmontée d'un bouquet de fleurs. Quelquefois on borde ce chapeau de dentelles d'or, et on y ajoute encore des glands. Par un contraste qui nous a paru aussi étrange, elles sont à moitié nues dans l'intérieur de leurs maisons. Notre hôtesse ne se faisoit pas même scrupule de paroître devant nous avec un seul jupon, et sa chemise, qui laissoit toute sa poitrine à découvert.

La plupart des hommes de la ville sont vêtus à l'italienne, et les autres habitans de l'île ont

---

(1) L'usage du masque leur vient de Venise, plutôt que du reste de l'Italie. Montaigne dit qu'en 1580 les Romaines n'étoient pas masquées comme en France. L'usage familier du masque fut introduit, à ce que nous croyons, à la cour de Catherine de Médicis, et de là parmi les femmes de la bourgeoisie, qui ne sortoient guère que masquées, soit pour aller à la promenade, soit pour faire des visites. Cet usage a duré long-temps en France ; il subsistoit encore, même assez avant, sous le règne de Louis XIV. On appeloit ce masque, qui étoit de velours noir, un *loup* ou *cachelaid*.

Costumes des habitans de l'Île de Zante.

fait du costume grec et de celui des Francs une confusion bizarre. Ils portent des bas de coton et même de soie, des souliers faits comme les nôtres, avec d'énormes boucles d'argent. La grande veste à manches, qu'ils rejettent sur l'épaule, ressemble plus à celle de nos paysans, qu'au gilet grec; et ils s'affublent même quelquefois du chapeau rond; ils ont cependant conservé la ceinture et la longue culotte plissée, mais ils en diminuent tous les jours l'ampleur. Quant aux femmes de la campagne, elles ont déjà adopté le corset italien et le voile à franges posé carrément sur la tête (*Planche LXIII*).

La jalousie orientale semble s'être propagée dans ce pays, où elle occasionne souvent des rixes et des assassinats. D'ailleurs, il n'y existe presque aucun commerce de société. Les femmes sont rigoureusement surveillées, et ne reçoivent que leurs parens les plus proches. Les fenêtres sont garnies de treillages serrés qui leur permettent à peine de voir, et à plus forte raison d'être vues. Le masque leur est d'un grand secours; il leur donne plus de liberté, et leur facilite les moyens de tromper les Argus. Je n'ose affirmer ce que j'ai entendu dire de l'usage turc adopté par des Zantiotes, d'avoir dans la même maison, la femme légitime et plusieurs esclaves ou maîtresses qui vivent ensemble, ainsi que les enfans qui proviennent de ces sortes de liaisons. Quoi qu'il en soit, nous avons cru reconnoître, chez les habitans de cette île, un mélange de mœurs et usages orientaux et européens. De cette combinaison, il résulte un caractère ou physionomie *morale* toute particulière, et qu'il seroit curieux d'observer dans ses développemens.

## LETTRE LX.

De Zante, le 12 juillet.

Voyage dans l'intérieur de l'île.—Sources de *catrame* ou goudron naturel.—Casin.—Détails sur l'agriculture et le commerce de Zante. — Départ de cette île pour l'Italie.

Nous avions témoigné le désir de visiter les sources de *catrame*, goudron naturel, qui se trouve à l'autre extrémité de l'île, dans la vallée de *Chieri*. Plusieurs jeunes gens de la ville et le chancelier du consulat de France, nous ont fait l'offre de nous accompagner ; on nous a procuré d'excellens chevaux, harnachés à la française, et nous nous sommes mis en route le soir.

Nous traversâmes d'abord une grande plaine découverte et bien cultivée, où l'on aperçoit plusieurs casins d'une bonne architecture, et entourés de plantations d'oliviers et de jardins spacieux, entre lesquels nous passâmes pour arriver à un petit monastère grec où l'on nous attendoit, et où nous devions passer la nuit. Le supérieur de ce couvent nous reçut avec cordialité, et nous prodigua les productions d'un terrain cultivé par les religieux, dont le travail est bien payé par des récoltes d'une étonnante variété.

Le lendemain matin nous continuâmes notre route vers les sources. Les chemins étant trop mauvais pour nos chevaux, nous prîmes en cet endroit des mulets et des ânes : ces animaux sont plus habitués à franchir les difficultés que présentent les défilés de ces montagnes.

Nous passâmes devant un petit village appelé *Itakia* ou petite Itaque. Une foule de femmes vinrent à notre rencontre, nous invitant à nous arrêter pour nous rafraîchir. Il n'y avoit point d'hommes parmi elles, et nous n'en avions pas même vu dans les champs. En ayant demandé la raison, on nous apprit qu'à cette époque la plupart des villageois se transportent en Morée, où ils travaillent à la moisson, comme journaliers. Ils rapportent de cette excursion assez de grain pour nourrir leur famille une partie de l'année. En effet, presque tout le terrain de l'île de Zante étant consacré à la culture de l'*uva passa*, la récolte de grain n'est pas suffisante pour nourrir les habitans de la campagne, et ceux de la ville sont même obligés d'en tirer de l'étranger.

Après une heure et demie de marche, nous arrivâmes à l'entrée de la plaine de Chieri, à laquelle des cannes ou joncs touffus et fort élevés donnent l'apparence d'un marais. L'odeur pénétrante de soufre qui s'exhaloit avec les vapeurs, nous indiqua l'objet de notre curiosité. Ces sources se trouvent dans la partie méridionale de l'île, au fond d'une anse et en face d'un petit îlot, où les vaisseaux, venant du Levant, et suspectés de recéler la peste, font la quarantaine. Nous mîmes pied à terre en cet endroit : nous traversâmes un terrain noir, et qui paroît mouvant, pour arriver à une excavation de sept pieds de diamètre, principale source de catrame : l'eau qui la remplit, souvent agitée par les curieux et par ceux qui en retirent le goudron, semble mêlée à cette substance : sa surface est couverte d'une huile qui forme des iris très-colorés, objets de l'admiration des Zantiotes. Cette huile est mêlée avec une écume qui teint en noir, et s'attache aux herbes des bords du ruisseau provenant de cette source. La terre est aussi noircie par son mélange avec le bitume, et elle paroît former une croûte creusée en dessous par les eaux ; elle résonne sous les pieds : on la sent trembler lorsqu'on la frappe violemment ; et, si l'on y enfonce un bâton, on le retire mouillé.

C'est de cette source principale que sort continuellement le goudron. On a remarqué qu'elle annonçoit les tremblemens de terre, et qu'alors on voyoit s'élever et jaillir, en bouillonnant au-dessus de l'eau, une forte colonne de bitume. Cette excavation est très-profonde : nous y avons enfoncé, sans trouver de résistance, plusieurs roseaux fort longs que nous avions réunis, et nous les en avons retirés couverts d'un goudron très-liquide, brun et transparent. Ce goudron, qui s'appelle *quatramo*, ou plutôt *catramo*, est l'asphalte des Grecs et des Latins; on l'a nommé particulièrement bitume de Judée, parce que les eaux de la mer Morte, et les terrains qui l'environnent, en fournissent en grande quantité. Il paroît que la poix de montagne, le pétrole et le naphte, ainsi que l'asphalte, ne doivent leur liquidité qu'à une distillation des charbons de terre et des bois bitumineux qui, se trouvant voisins de quelque feu souterrain, laissent échapper les parties huileuses les plus légères de la même manière à peu près que les substances bitumineuses donnent leurs huiles dans nos vaisseaux de chimie.

L'asphalte se trouve non seulement en Judée, et en plusieurs autres lieux du Levant, mais encore en Europe, et même en France. Dans le duché de Modène, surtout, le pétrole est fort commun (1). A Sassolo, au pied de la montagne de Zebio, sortent deux sources d'huile : l'une, qui est rouge, transpire à travers le rocher; l'autre est claire comme notre huile commune, et sort avec l'eau. On les appelle *olio di sasso*, et elles ont la même odeur que celle de Zante.

Le bitume servoit autrefois, comme on sait, à embaumer les corps, et les momies considérées d'abord comme un objet de curiosité, sont devenues utiles, car elles fournissent à la peinture une couleur d'un beau brun foncé, extrêmement légère et transparente, et qui n'a d'autre défaut que de pousser un peu au noir, ainsi que l'asphalte, qu'on est parvenu aussi à employer dans la peinture et à faire sécher en le mélangeant avec la cire.

Au reste, cette matière est estimée dans le commerce, et le Zantiote, à qui appartient la principale source de catrame, en retire un grand profit ; il a fait construire auprès de cette source plusieurs réservoirs en maçonnerie qu'on remplit journellement de bitume qu'après l'évaporation de l'eau on met dans des outres

---

(1) Voir, à ce sujet, *Franciscus Ariotus : De Oleo montis Zebinii seu Petreolo agri mutinensis Libellus*, 1698 ; le Mémoire de M. Fougeroux de Bondaroy ; Mémoire sur le Pétrole, dans les *Mémoires de l'Académie des Sciences*, année 1770, et l'*Histoire naturelle de Buffon*, article *Bitume*.

ou des tonneaux. Cette matière est fort estimée dans le commerce; elle ne s'emploie cependant pas seule, parce qu'elle est trop liquide; mélangée avec le goudron artificiel, elle lui donne une qualité supérieure. On dit qu'employé seul, ce bitume se durcit au soleil, et se ramollit dans l'eau; ce qui est l'effet contraire de celui que les arts produisent.

En se rapprochant de la mer, l'on trouve plusieurs autres sources moins abondantes, mais où l'on peut étudier le travail de cette espèce de minière. L'eau, extrêmement limpide lorsqu'on en écarte l'huile, permet de voir le fond du rocher à travers lequel suinte le bitume. Il s'échappe par de petites ouvertures, d'où l'on voit sortir aussi avec rapidité de l'eau et une infinité de petites bulles qui ne paroissent contenir qu'un gaz, lequel se mêle bientôt à la masse de l'eau sans paroître atteindre sa superficie, à moins cependant que l'huile qui surnage ne provienne de ces bulles. Quant au bitume, il sort lentement, et par gouttes, qui n'ont d'abord que la grosseur d'un pois, mais qui s'enflent peu à peu, s'étendent, et atteignent enfin la grosseur d'un melon. Alors la partie supérieure s'ouvre, et s'épanouit en quelque sorte en forme de champignon, dont les bords se répandent au fond du ruisseau, d'où ils coulent entraînés par l'eau, et suivant la pente du terrain. Au même instant on voit se former de nouveaux bouillons qui crèvent comme les premiers, de minute en minute. Il existe probablement de pareilles sources au fond de la mer; car on ramasse souvent sur les plages qui bordent la côte, des morceaux de bitume de la même qualité que celui qu'on extrait des sources que je viens de décrire.

On nous a vanté les propriétés médicinales de l'eau de ces fontaines, qu'on dit salutaire pour les maladies de poumon, indépendamment des autres cures en tout genre dont on lui est redevable. Un particulier de la ville, qui nous avoit accompagnés, devoit à ces sources la guérison d'une fièvre qui avoit résisté à tout l'art de la médecine. On lui conseilla de boire de cette eau, et il crut que puisqu'elle tenoit sa vertu du bitume, le bitume lui-même devoit être bien plus efficace ; en conséquence il en avala une dose assez forte, qu'il ne rendit que le lendemain avec une grande quantité d'humeurs. Ce remède violent et hasardeux le guérit radicalement.

Tant de vertu dans un remède aussi simple nous donna la fantaisie de boire de cette eau. Elle est froide : l'odeur en est forte, mais elle n'a qu'un goût légèrement aromatisé qui n'est pas désagréable. Nous fûmes punis de notre curiosité; car ce remède, dont nous n'avions nul besoin, agit d'une manière fâcheuse, quoique différente, sur chacun de nous.

L'année d'auparavant, notre consul étoit venu visiter ces sources, avec des savans étrangers. On avoit fait creuser le sol, et on n'avoit découvert autre chose, sinon que le cours du bitume paroît se diriger vers le nord, et ensuite tourner du côté de l'est; ce qui est le contraire de la source d'eau qui court directement vers le sud.

Quel est l'agent inconnu qui donne à cette matière liquide, mais très-lourde, une impulsion assez forte pour lui faire surmonter la pente du terrain, et la chasser dans le sens inverse de celui que son propre poids devroit lui faire prendre? Les Zantiotes n'hésitent pas à attribuer cet effet à un volcan, dont les sources de catrame sont les soupiraux; ils affirment aussi que la chaleur de la terre, produite par le même agent, donne une activité étonnante à la végétation. Il est vrai que les plaines voisines des sources sont les plus fertiles de Zante. Les arbres y donnent une quantité de fruits qui sont meilleurs, et atteignent plus tôt leur maturité qu'ailleurs; aussi a-t-on remarqué que ces arbres ne prennent pas un grand accroissement, et périssent dans l'espace de quelques années. Les petits ruisseaux qui s'échappent des sources de catrame contiennent même du poisson en abondance, et leurs bords sont fréquentés par plusieurs espèces d'oiseaux aquatiques.

Nous sommes revenus dîner au monastère, et, après avoir remercié les Caloyers de leur accueil hospitalier, nous avons repris nos chevaux pour retourner à la ville. Nous nous sommes reposés dans l'un des casins que nous avions déjà remarqués, et nous y avons été bien reçus, quoique les maîtres fussent absens.

Ce casin est décoré de pilastres, et d'une corniche qui supporte des bustes et des vases en marbre blanc. Il est entouré de treilles, soutenues par des colonnes. L'intérieur de la maison est distribué et meublé avec un goût exquis, moitié à la franque et moitié à la turque. On a profité de ce que ces deux genres d'ameublement présentent de plus commode. Il y existe des appartemens d'ami, où tout ce que la recherche et la prévenance la plus attentive peuvent imaginer, se trouve réuni. Cette habitation appartient à deux frères vénitiens qui sont liés de l'amitié la plus étroite, quoiqu'ils voyagent alternativement. Pour faire allusion à ces séparations momentanées, qui ne font aucun tort à leur amitié, ils ont adopté un emblème qui est peint dans le vestibule de la maison. Aux extrémités d'un ruban qui forme un nœud dans son milieu, sont attachées deux colombes qui volent en sens contraire. Au-dessous est écrit en français : *En s'éloignant le nœud se resserre.*

Les jardins sont cultivés avec le plus grand soin, mais on y désireroit un peu plus d'ombrage : il est vrai que le terrain est si précieux, qu'on n'ose le prodiguer à l'agrément.

Lorsqu'on récolte l'*uva passa*, ou raisin de Corinthe : pour le faire sécher, on étend les grappes sur une aire qu'on a préparée, en battant la terre de manière à la rendre très-dure, et disposée en dos d'âne pour que l'eau de la pluie, heureusement très-rare dans cette saison, ne puisse y séjourner. On emploie aussi un procédé peu connu pour durcir cette aire, et empêcher les herbes d'y pousser (1). Il consiste à arroser le terrain avec l'eau âcre et chargée de particules huileuses, qui provient de la pression des olives. Cette eau pénètre la terre, et y dépose son huile qui la rend inattaquable à l'humidité. Il est vrai qu'il faut pratiquer cet arrosement plusieurs fois, et peut-être le renouveler tous

---

(1) Ce procédé étoit connu des anciens. Pline le recommande, livre XVIII, chap. xxix.

les ans ; ce qui est aisé dans les pays où l'on récolte des olives. Cette opération se fait au printemps, lorsque le soleil commence à avoir de la force. Ce procédé qui mérite d'être connu, et qu'on pourroit appliquer à d'autres usages, préserve, au moins en partie, la récolte de raisins secs du plus grand fléau qu'elle ait à redouter; car si, pendant les huit ou dix jours que le raisin reste étendu sur l'aire, il étoit atteint de la plus légère humidité, il ne pourroit plus se conserver, et un malheur semblable ruineroit cette branche de commerce qui fait toute la richesse de Zante. On y recueille par an, depuis sept jusqu'à quinze millions de livres vénitiennes d'*uva passa*, ce qui forme le chargement de quinze à vingt bâtimens, qui les transportent dans les ports d'Angleterre et de Hollande.

Les anciens connoissoient les raisins de Corinthe, et leur avoient donné ce nom, parce qu'en effet on les récoltoit dans le Péloponèse, et surtout vers l'isthme de Corinthe et sur les côtes voisines, où on assure qu'il n'en vient plus. Quoi qu'il en soit, ceux de Zante sont les plus estimés; il y en a de rouges, de blancs et de noirs : ceux que nous avons mangés frais étoient d'un rouge moins vif et guère plus gros que les groseilles; ils étoient très-sucrés, sans pepins, et avoient un goût parfumé. Peut-être, en mûrissant davantage, deviennent-ils plus noirs, comme ils le paroissent lorsqu'ils sont secs.

C'est en août qu'on vendange ces raisins, et qu'on les étend, comme je l'ai déjà dit, sur l'aire où ils sèchent ; puis on les entasse dans des caves, par une ouverture faite à la voûte, et on les en tire à mesure pour en remplir des barils, dans lesquels on transporte ce raisin sec dans toutes les parties du monde gourmand. On s'en sert beaucoup en Angleterre, pour assaisonner une quantité de mets.

La plaine qui existe derrière la forteresse, et qui est entourée de coteaux peu élevés, est plantée en vignes de cette espèce, entremêlées d'orangers, de citronniers et de figuiers. Elle forme une promenade délicieuse, dont les points de vue, embellis par des casins et de nombreux villages, est de la plus grande beauté. Dans quelques parties il y a d'immenses oliviers, dont le feuillage argenté contraste avec la noire verdure des cyprès : ils élèvent leur tête pyramidale au travers et au-dessus des autres arbres ; leur tronc noueux sert d'appui aux vignes, qui s'entrelacent aux branches, les parent d'une verdure plus riante et, leur font supporter des fruits qui leur étoient étrangers.

Ailleurs on cultive le coton, qui est ici produit par une plante annuelle (*gossypium*); on la sème comme le chanvre et le lin; mais elle ne leur ressemble pas : la tige n'a guère qu'un pied de hauteur; les fleurs sont jaunes; elles se convertissent en une coque qui se remplit de coton, et qui est grosse comme une noix.

Les autres productions de cette île sont immenses, relativement à son peu d'étendue. On y récolte de quarante à soixante mille barils d'huile d'olive, qu'il est défendu de transporter ailleurs que dans les Etats de Venise : on y recueille aussi en abondance d'excellens fruits, tels que melons, pêches, figues, citrons, oranges et limons sans pepins, et du vin d'une bonne qualité pour l'usage des habitans : on en exporte même un ou deux chargemens. Quant au blé et aux légumes, ils suffisent à peine à la consommation de trois mois pour une population qu'on évalue à quarante mille âmes. La ville ne contient que dix-huit mille habitans : le reste est répandu dans quarante-huit villages. Voilà les seuls détails exacts que j'ai pu me procurer ici sur l'agriculture et le commerce de cette île. Vous n'en serez pas moins étonné que, sur une superficie de huit à neuf lieues dans sa plus grande dimension, et dans un climat brûlant, on trouve une peuplade aussi active, aussi laborieuse, et qui s'occupe en même temps de l'agriculture, du commerce, et surtout que, par ces deux moyens, elle se procure, non seulement de l'aisance, mais même des richesses, tandis que les habitans de la terre-ferme, loin de profiter des avantages que leur présente un immense terrain, tout aussi fertile que celui de Zante, le laissent se couvrir de bruyères ou de forêts qui leur sont même inutiles.

A notre retour, l'on nous a appris qu'il venoit d'arriver des officiers français et quelques troupes pour prendre possession de l'île. Nous fûmes nous-mêmes un objet de curiosité ; et, en traversant la ville, le bruit de nos chevaux attira les femmes à leurs fenêtres ; plusieurs même soulevoient les treillages, et nous pûmes juger alors que leur réputation de beauté n'est pas usurpée, si toutefois le mystère n'y ajoutoit pas un charme de plus.

En attendant qu'un bâtiment vénitien, qui doit retourner à Corfou, et sur lequel nous devons nous embarquer, mette à la voile, nous profitons de notre séjour à Zante pour visiter souvent le respectable père de notre consul, M. Guis, auteur des *Lettres sur la Grèce*. Cet intéressant vieillard voit arriver la fin de sa carrière, jouissant de ses derniers momens comme de la fin d'un beau jour, entouré de sa famille, de quelques amis, de ses livres, d'une foule d'objets qui lui retracent l'image de l'antiquité, qui, toute sa vie, a été l'objet de ses plus agréables méditations. Il habite une petite maison de campagne, dans le plus heureux site, sur le rivage de la mer, et d'où il peut encore apercevoir la Grèce, sa seconde patrie. Si mon séjour à Zante avoit pu se prolonger davantage, j'aurois profité avec empressement des occasions de m'instruire que me présentoit la société de ce savant, qui a su rendre l'érudition si agréable.

C'est à regret que je vais m'éloigner de ces contrées, qu'un artiste ne peut considérer d'un œil indifférent, et ne doit parcourir qu'avec respect, et pourtant je ne quitte la Grèce que pour me diriger vers la nouvelle patrie des arts, l'Italie, non moins fertile en souvenirs, et où je verrai revivre les miracles des arts antiques, dans les productions de ces génies immortels qui en ont opéré la renaissance et posé les limites.

FIN DU TROISIÈME ET DERNIER VOLUME.

# TABLE DES MATIÈRES.

## TOME PREMIER.

|  | pag. |
|---|---|
| Introduction | v |

Lettre première. — Départ de Marseille. — Relâche dans la rade d'Hières; aspect du pays; jardins plantés d'orangers. — Ancien château d'Hières... 1

Lettre II. — Traversée. — Ile Galita. — Cap Bon, en Afrique. — Côtes de Carthage. — Sicile. — Pantellerie. — Malte. — Gozzo, ancienne habitation de Calypso. — Différence de climat. — Candie. — Côte d'Europe; aspect qu'elle présente. — Mont Taygète. — Entrée de l'Archipel. — Chasse aux mauves; événement à cette occasion. — Cérigo. — Cap Saint-Ange; perte d'une ancre. — Retour à Cérigo (antique Cythère)................................ 9

Lettre III. — Port San-Nicolo. — Eglise grecque. — Carrière antique. — Grotte ornée de stalactites. — Catacombes creusées dans le roc. — Chambres sépulcrales, sarcophages, etc. ............... 19

Lettre IV. — Ruines de la ville de Cythère. — Restes du temple de Vénus. — Fouilles; fragment de statue. — Autres antiquités. — Costume des paysannes. — Chapelle de la Panagia. — Papas grec....... 31

Lettre V. — Napoli de Malvoisie. — Dîner turc. — Description de la ville et de la forteresse. — Costume des femmes. — Visite de l'Aga........ 38

# TABLE DES MATIÈRES.

Lettre VI. — Coup de vent; ses effets. — Constructions antiques en polygones irréguliers. — *Tour* ou maison de plaisance turque fortifiée. . . . . . . . . 45

Lettre VII. — Grottes habitées par les Moraïtes nomades; leurs mœurs et leur costume . . . . . 60

Lettre VIII. — Mœurs et usages des Turcs habitans de Malvoisie. . . . . . . . . . . . . . . . . . . . 65

Lettre IX. — Course dans l'intérieur du pays. — Productions naturelles. — Habitations abandonnées. — Rencontre d'un conteur grec . . . . . . . . . . . 71

Mélica, histoire moraïte, imitée du grec vulgaire . . 76

Lettre XI. — Musique vocale des Grecs . . . . . . . 149

Lettre XII. — Départ de Napoli de Malvoisie. — Côtes de l'île d'Hydra. — Signaux de nuit. — Vue et description de la ville. — Cérémonies pratiquées au départ des vaisseaux d'Hydra. — Mœurs et costume des habitans de cette île. — Notions intéressantes, données par un homme de lettres, Grec d'origine . . 155

Lettre XIII. — Vue des côtes de l'Attique, du cap Sunium et du temple de Minerve-Suniade. . . . .

Lettre XIV. — Tableau de l'Archipel; les îles Macronisi ou Cranaë, Zéa, Gyaros, Négrepont; digression au sujet de cette île. — Rocher du Caloyer. — Occupations des matelots grecs, à la fin du jour. . . . . 177

Lettre XV. — Iles d'Ipsara, Metelin et Ténédos. — Côte de Troie. — Cap Sigée. — Châteaux et canal des Dardanelles. — Accident qui nous force de relâcher à Gallipoli . . . . . . . . . . . . . . . . 202

Lettre XVI. — Description de la ville de Gallipoli : bazars, fontaines, mosquées, tombeaux, ruines de monumens antiques. — Visite chez un Grec . . . . 215

Lettre XVII. — Description de Lampsaki; usages et mœurs de ses habitans. — Rencontre d'un derviche.

## TABLE DES MATIÈRES.

— Barbiers turcs . . . . . . . . . . . . . . . . 239
LETTRE XVIII. — Découverte d'un temple antique ruiné. — Aspect développé de l'Hellespont. — Souvenirs historiques . . . . . . . . . . . . . . . . . 253
LETTRE XIX. — Route de Lampsaki au Tchardak. — Description de ce bourg; temple antique, converti en une écurie; traces de plusieurs autres constructions anciennes. — Opinion sur la véritable place de la ville de Lampsaque . . . . . . . . . . . . . . . . 270

## TOME SECOND.

LETTRE XX. — Effet des vents contraires dans le canal des Dardanelles. — Idée d'un nouveau canal, beaucoup plus praticable en tout temps . . . . . . . . . . 1
LETTRE XXI. — Arrivée d'une escadre turque. — Evolutions d'un corps de cavalerie sur la côte. — Départ de Lampsaki, et retour à Gallipoli. — Vaisseau pestiféré . . . . . . . . . . . . . . . . . . . . 11
LETTRE XXII. — Entrée de la mer de Marmara. — Relâche à Koutali. — Iles de Marmara. — Illumination du *Ramadan*. — Evénement à bord. — Long-Pont, Petit-Pont, et San-Stefano. . . . . . . . . 19
LETTRE XXIII. — Arrivée à Constantinople. — Aspect de la ville, éclairée par les illuminations . . . . . . 29
LETTRE XXIV. — Caractère, mœurs et usages des marins grecs. . . . . . . . . . . . . . . . . . 37
LETTRE XXV. — Description de Constantinople, par un auteur turc . . . . . . . . . . . . . . . . 42
LETTRE XXVI. — Description du faubourg de Péra, et de notre habitation . . . . . . . . . . . . . 65
LETTRE XXVII. — Caïques turques. — Echelle du Visir. — Fontaine et porte du Sérail. — Atmeïdan;

# TABLE DES MATIÈRES.

pag.

ses obélisques, leur description . . . . . . . . . . . 80

Lettre XXVIII. — Grande citerne ; singularités de sa construction. . . . . . . . . . . . . . . . . . . . . . 105

Lettre XXIX. — Présentation au Capitan-Pacha. — Son palais. — Détails sur notre réception. — Usages comparés. — Isaac Bey . . . . . . . . . . . . . . . 122

Lettre XXX. — Promenade aux Eaux-douces. — Jeux et amusemens des Turcs . . . . . . . . . . . 146

Lettre XXXI. — Portrait d'une Princesse grecque. . 164

Lettre XXXII. — Incendie à Péra ; manière de l'éteindre . . . . . . . . . . . . . . . . . . . . . . . 180

Lettre XXXIII. — Champs des Morts . . . . . . . 193

Lettre XXXIV. — Buyukdéré. — Rives du Bosphore. — Trait de mœurs. . . . . . . . . . . . . . . . . . 213

Lettre XXXV. — Observations sur la peste . . . . . 224

Lettre XXXVI. — Fontaine de Top-Hané. — Sérail. — Tour de Léandre. — Vue générale du Bosphore. 236

Lettre XXXVII. — Tradition musulmane sur la tour dite de Léandre, ou *Kiz-Koullessy* (Tour de la Fille). . . . . . . . . . . . . . . . . . . . . . . . . 253

Lettre XXXVIII. — Mœurs et usages des Turcs . . . 280

## TOME TROISIÈME.

Lettre XXXIX. — Coup d'œil sur les arts et l'industrie dans le Levant. §. I<sup>er</sup>. *Architecture des Turcs et des Grecs modernes* . . . . . . . . . . . . . . . 1

Lettre XL. — §. II. *Bains turcs* . . . . . . . . . . . 16

Lettre XLI. — §. III. *Eglises grecques et Mosquées.* 35

Lettre XLII. — §. IV. *Palais et Maisons particulières* . . . . . . . . . . . . . . . . . . . . . . . . . . 56

Lettre XLIII. — §. V. *Sculptures peintes.— Tableaux. — Divers procédés de peinture.* . . . 71

# TABLE DES MATIÈRES.

Pag.

Lettre XLIV. — §. VI. *Sculpture.* — *Peinture d'incrustation, ou au* cestrum . . . . . . . . . 98

Lettre XLV. — §. VII. *Plastique, poterie et majolica, ou faïence turque*. . . . . . . . . . . 110

Lettre XLVI. — §. VIII. *Arts mécaniques des Orientaux.* — *Moulins à eau.* — *Moulins à vent.* — *Machine à puiser l'eau* . . . . . . . . . 120

Lettre XLVII. — Départ de Constantinople . . . . . 159

Lettre XLVIII. — Retour dans la Morée. — Coup d'œil général sur ce pays et sur l'Archipel grec. — Cause présumée de l'aridité des îles, comparée à la fertilité du continent. . . . . . . . . . . . . . . . 165

Lettre XLIX. — Description de la ville de Coron. — Avantages de sa situation. Justice turque. — Mœurs, usages et gouvernement des Magnotes, descendans des Spartiates . . . . . . . . . . . . . . . . . . 178

Lettre L. — Visite au bey de Coron. — Danse pantomime grecque . . . . . . . . . . . . . . 187

Lettre LI. — Effets du Siroco (vend du sud-est). — Bains de mer; leur salubrité. . . . . . . . . . 192

Lettre LII. — Plaine de Nissy. — Ruines de thermes antiques. — Maison de plaisance du bey de Coron. — Jardins. — Kiosque. — Machine à arroser. — Pêche et chasse de nuit . . . . . . . . . . 197

Lettre LIII. — Départ de Coron. — Chevaux turcs; manière dont ils sont enharnachés. — Plaine de Coron. — Village de Karakapio. — Veine de marbre blanc. — Ville de Modon. — Halte nocturne. — Description d'un campement de Moraïtes nomades. — Aventures d'un chef de parti dans la guerre de 1770 . . . . . . . . . . . . . . . . . 206

Lettre LIV. — Départ du campement. — Effet de lumière au soleil couchant. — *Lucciole.* — Habita-

www.ingramcontent.com/pod-product-compliance
Lightning Source LLC
Chambersburg PA
CBHW060333170426
43202CB00014B/2758